La psychanalyse peut-elle encore être utile à la psychiatrie ?

Guy Darcourt

La psychanalyse peut-elle encore être utile à la psychiatrie ?

Odile Jacob

15, rue Soufflot, 75005 Paris

www.odilejacob.fr

ISBN : 978-2-7381-1753-3

À mes petits-enfants.

INTRODUCTION

La psychanalyse semble ne plus répondre aux besoins de la psychiatrie. D'autres théories lui sont préférées et on la rejette. Cette tendance a pris naissance aux États-Unis et a diffusé rapidement en Europe et dans le monde entier.

Mon propos, dans ce livre, ne sera pas un plaidoyer pour un retour à l'alliance entre la psychiatrie et la psychanalyse telle qu'elle existait dans les années 1960 et 1970, mais une analyse des conditions de cette rupture qui aboutira à la question : « N'a-t-on pas jeté le bébé avec l'eau du bain ? » Car, s'il y a des concepts freudiens qui sont effectivement sans utilité en pratique clinique et s'il y a des conceptions nouvelles d'un grand intérêt, faut-il pour autant rejeter la psychanalyse en totalité ? Et la thèse que je défendrai sera qu'il y a dans l'œuvre de Freud un certain nombre d'idées que la psychiatrie a tout bénéfice à conserver. Elles sont d'utilisation immédiate et facile en pratique clinique. On ne peut leur faire les critiques qui sont à l'origine du rejet de la psychanalyse. Elles sont le bébé qu'il serait dommage de jeter avec l'eau des concepts inutiles, bébé qui peut apporter une aide précieuse à la pratique clinique.

L'idée centrale de ce tri sera qu'une partie de la théorie psychanalytique ne concerne que la pratique des cures analytiques et pas la clinique psychiatrique. Il est donc scientifiquement correct que la psychiatrie l'ait écartée. Pourquoi a-t-elle rejeté en même temps la partie qui peut lui être utile ?

Faire ce tri n'est pas trahir Freud. Ce sujet l'a aussi intéressé. Une partie de son œuvre est consacrée à la nosologie psychiatrique. Il a cherché à déterminer les processus inconscients particuliers à chaque affection psychiatrique. Nous aurons l'occasion, tout au long de ce livre, d'exposer ses conceptions ainsi que celles de plusieurs de ses successeurs. L'ambition de cet ouvrage est de présenter l'essentiel de ces concepts et de sélectionner les modèles les plus adaptés à la pratique clinique. Il y en a en effet parfois plusieurs pour une même affection, surtout parmi ceux proposés par les successeurs de Freud et notre objectif est de ne retenir que les plus pertinents. Cette présentation se fera en termes simples (sans pour autant faire des concessions à la simplification qui aboutirait à déformer les concepts). Ce livre n'est pas un précis de psychiatrie. Lorsque les grandes catégories diagnostiques seront abordées, elles ne seront pas traitées selon une étude clinique complète comportant les formes cliniques, l'évolution, le diagnostic différentiel. Ne seront décrites que leur structure psychodynamique et leurs manifestations cliniques.

Dire que cela peut être utile à la psychiatrie ne veut pas dire seulement utile aux praticiens, psychiatres et psychologues, en leur apportant un cadre conceptuel clair, mais aussi utile aux patients par l'amélioration de leur prise en charge et des soins qu'ils reçoivent.

CHAPITRE PREMIER

Pourquoi la psychanalyse a-t-elle été rejetée ?

Après quelques décennies de cohabitation fructueuse, la psychiatrie et la psychanalyse ont pris des chemins différents. La première a critiqué la seconde, s'est laissé séduire par les nouvelles classifications des maladies mentales et a été happée par les nouvelles données neurobiologiques en particulier. Cela a conduit à un enrichissement de la psychiatrie, mais n'a pas permis un aménagement de ses relations avec la psychanalyse. Une rupture s'est produite.

LA RUPTURE DES ANNÉES 1980

La rupture entre la psychiatrie et la psychanalyse s'est amorcée au début des années 1980 et s'est aggravée progressivement. Les trente années précédentes avaient été fastes pour les échanges entre les deux disciplines. Après la guerre de 1939-1945, elles avaient eu l'une et l'autre un essor prodigieux et elles s'étaient développées en s'enrichissant mutuellement. Tout particulièrement en France, également dans toute l'Europe et aux États-Unis, mais moins dans le reste du monde. Cet essor contrastait avec leur faiblesse d'avant-guerre. La psychiatrie était alors cantonnée dans une pratique asilaire et suscitait peu de vocations. Les hôpitaux psychiatriques étaient conçus plus comme des lieux de vie que comme des lieux de soins. Ils étaient situés loin des villes, dans des cadres champêtres. Les patients y restaient longtemps, souvent jusqu'à leur mort. Les psychiatres étaient peu nombreux, ils disposaient de faibles moyens thérapeutiques. L'enseignement de la psychiatrie était médiocre. Les universitaires neuropsychiatres étaient souvent plus compétents en neurologie qu'en psychiatrie. La psychanalyse s'était développée très lentement en France. Elle intéressait plus les milieux littéraires que les milieux psychiatriques. La seule société scientifique était la Société psychanalytique de Paris. Fondée en 1926, elle ne progressa que lentement et en 1939 elle comptait seulement vingt-quatre membres.

Après la guerre, la psychiatrie comme la psychanalyse s'épanouissent et elles multiplient leurs échanges. C'est une période de grande créativité. De grands bouleversements révolutionnent les conceptions thérapeutiques et l'image de la maladie mentale dans la société.

La psychiatrie s'interroge sur son fonctionnement institutionnel. Beaucoup de malades mentaux étaient morts dans les asiles au cours de la guerre. Les institutions avaient donc failli à leur mission humaniste et la communauté psychiatrique se sentait coupable. Il fallait trouver des méthodes de soin plus respectueuses de l'homme et plus efficaces. De là est née une nouvelle conception des soins psychiatriques qui a abouti à de profondes réformes, notamment la sectorisation et les soins extrahospitaliers.

La psychiatrie cherche aussi de nouveaux modèles psychologiques pour comprendre la pathologie mentale. Elle explore les courants de l'époque, la psychanalyse d'abord comme nous allons le voir et aussi la phénoménologie, la Gestalt-théorie, le conditionnement de Pavlov.

Au cours de ces années et en moins de dix ans, les trois grandes classes de psychotropes sont découvertes : les neuroleptiques en 1952, avec la chlorpromazine, les anxiolytiques avec le méprobamate en 1955, les antidépresseurs en 1957, avec l'imipramine, et les benzodiazépines en 1959. Cette arrivée inattendue de médicaments efficaces et bien tolérés bouleverse les conceptions thérapeutiques. Avec l'apport simultané de techniques psychothérapiques et de médicaments, la psychiatrie n'est plus condamnée à surveiller les malades sans les soigner, elle peut, sinon les guérir tous, du moins permettre au plus grand nombre de sortir des asiles et de vivre dans la communauté.

De son côté, la psychanalyse s'épanouit. Les traductions de Freud se multiplient. Les jeunes psychologues et les jeunes psychiatres veulent acquérir une formation psychanalytique et, en grand nombre, entreprennent une analyse didactique. On observe une évolution tumultueuse des sociétés de psychanalyse. La première scission de la Société psychanalytique de Paris donne naissance en 1953 à la Société française de psychanalyse puis dix ans plus tard cette société se scinde en deux nouvelles sociétés, l'Association psychanalytique de France et l'École freudienne fondée par Lacan. Tous ces débats théoriques et ces conflits de personnes ne nuisent pas à l'expansion de la psychanalyse, ils témoignent au contraire de sa vitalité.

Les relations entre les deux disciplines sont multiples. La théorie psychanalytique est au cœur de tous les débats. On fait appel à elle pour expliquer la pathologie mentale, pour classer les maladies, pour apporter des solutions thérapeutiques, pour enrichir la compréhension du fonctionnement institutionnel. Les traités de psychiatrie lui accordent une place majeure. Certes un certain nombre de praticiens restent à l'écart de cette tendance et se cantonnent dans des conceptions purement biologiques ou purement comportementales, mais ils sont minoritaires.

À partir de 1980, une rupture se produit. Elle vient de la convergence du développement de conceptions nouvelles et de l'apparition de critiques envers la psychanalyse. Nous allons voir quelles sont ces conceptions et ces critiques.

LES CRITIQUES ADRESSÉES À LA PSYCHANALYSE

Les arguments sont théoriques et pratiques.

Le reproche majeur est que la psychanalyse ne serait pas scientifique. Le nouvel élan de la psychiatrie qui se veut objective et prouvée, donc scientifique fait de ce défaut une tare rédhibitoire. Cette critique est à étudier avec attention car elle n'est pas sans fondement.

Les arguments théoriques majeurs en faveur de l'incompatibilité de la psychanalyse avec la science sont au nombre de trois.

La psychanalyse étudie l'inconscient qui est inobservable directement. Le sujet ne peut le décrire puisqu'il le méconnaît. L'observateur ne peut le découvrir que par l'interprétation, or qui dit interprétation suppose l'influence de facteurs personnels. Deux observateurs peuvent interpréter différemment un même phénomène. On sait que pour éliminer le plus possible ces interférences liées à la personnalité et à l'inconscient du psychanalyste, celui-ci doit avoir été lui-même psychanalysé mais, si cette formation diminue l'influence de ces interférences, elle ne la supprime pas totalement et ne crée pas des conditions d'observation strictement scientifiques.

L'interprétation est d'autant plus sujette à caution qu'elle se fait au cours d'un colloque singulier. La cure analytique se déroule sans témoin et il n'y a pas de confrontation possible entre des observateurs différents, ce qui est contraire à la rigueur scientifique qui ne considère comme valable que ce qui est constaté par plusieurs observateurs.

Les grands concepts freudiens sont scientifiquement irréfutables. Normalement, toute théorie scientifique est *réfutable*. Elle peut être analysée, discutée, critiquée. On peut demander à son auteur de donner ses arguments et ses preuves et on peut lui en opposer d'autres. Tous les éléments du débat sont rationnels et le vrai scientifique ne peut qu'être intéressé par cette réfutation. Elle lui sert à prolonger sa recherche, elle peut lui faire découvrir ses erreurs ou lui faire améliorer sa démonstration. Ici, une telle confrontation n'est pas toujours possible. L'adhésion à la psychanalyse fait tellement intervenir de facteurs personnels inconscients qu'un débat strictement rationnel est impossible. Admettre que les facteurs inconscients déterminent plus les comportements humains que les facteurs conscients ne relève pas d'une réflexion purement rationnelle mais dépend du ressenti de chacun : cette idée peut être intolérable ou fascinante et elle est acceptée par les uns et rejetée par d'autres. On ne peut prouver qui a tort et qui a raison. L'analyste devant qui un interlocuteur avance ce qu'il croit être des arguments contre la psychanalyse pense que cette critique relève des problèmes personnels de l'autre et ne peut se laisser convaincre et celui-ci, de son côté, estime que ce refus de la réfutation est antiscientifique.

Voilà donc un premier argument en faveur du rejet de la psychanalyse, il est théorique, d'autres sont pratiques.

Certains concepts psychanalytiques ne peuvent être utilisés en pratique. Lorsqu'un clinicien veut s'aider dans la compréhension de la pathologie, il utilise des modèles de fonctionnement psychique et, jusqu'en 1980, les modèles psychanalytiques étaient privilégiés. Mais, à vrai dire, un certain nombre de ces concepts sont, dans ce cas, sans intérêt, par exemple ceux de castration, de pulsion de mort, de scène primitive, de fantasmes originaires. Le clinicien ne voit pas l'usage qu'il peut en faire. Ils sont très réducteurs et concernent des mécanismes très profonds, très éloignés de ce qu'on observe en clinique et ils sont valables dans de si nombreuses situations qu'ils n'ont pas de valeur discriminante (on peut ainsi faire intervenir la théorie de la castration dans toutes les variétés de pathologie). Ils concernent la conception d'un fonctionnement inconscient refoulé, accessible dans le cadre d'une cure psychanalytique, mais pas par l'observation clinique. On sait cela depuis longtemps, mais on n'en faisait pas une raison de rejet de la psychanalyse.

D'autres arguments ont été rassemblés dans de vrais dossiers d'accusation.

Une critique frénétique a accusé Freud de malhonnêteté, en a fait un gourou tenant sous sa domination des adeptes en les fascinant par une doctrine ésotérique. Les idées que nous allons défendre dans ce livre sont une des réponses à ces critiques fantaisistes et passionnelles puisque notre propos est justement de mettre en évidence des concepts psychanalytiques qui, loin d'être ésotériques, peuvent être utiles à la compréhension de la pathologie psychique. On a aussi accusé la psychanalyse d'être nocive. Nous pourrions négliger cette accusation puisque nous ne traiterons pas des cures psychanalytiques elles-mêmes, mais de l'utilisation de la psychanalyse dans la pratique clinique. Il convient néanmoins de noter qu'on ne peut accuser la psychanalyse à la fois d'inefficacité et de nocivité. Comme toute thérapeutique efficace, elle peut avoir des effets bénéfiques et des effets indésirables, c'est une question d'indication et de qualité de pratique.

Le résultat de ces débats est un fort courant de rejet de la psychanalyse par les psychiatres et les psychologues. Il y a tous les degrés dans ce rejet, depuis ceux qui la pourfendent jusqu'à celui plus modéré de praticiens qui lui conservent une certaine confiance comme méthode thérapeutique (toutefois derrière les thérapies cognitivo-comportementales), mais ne voient plus à quoi elle peut leur servir dans leur pratique clinique. Tous sont d'accord pour ne plus l'utiliser dans la classification des maladies psychiques et pour leurs diagnostics.

On peut les comprendre car les deux critiques que sont le manque de valeur scientifique et l'inutilité en pratique sont sérieuses. On peut même dire que c'est une bonne chose qu'on ait modéré l'engouement un peu idéologique des cliniciens avant 1980 et qu'on prône la rigueur scientifique. Mais, comme dit plus haut, cela justifie-t-il l'élimination totale de la psychanalyse ? Nous verrons plus loin les concepts psychanalytiques qui ne justifient pas ces deux critiques et qui sont à la fois scientifiques et pratiques.

LE BESOIN DE CLASSIFICATION DE LA PSYCHIATRIE

Un fait majeur dans le tournant de 1980 qui a vu l'amorce de la rupture entre la psychiatrie et la psychanalyse est la publication, par l'Association américaine de psychiatrie, de sa nouvelle classification des maladies mentales, le DSM III

(*Diagnostic and Statistical Manual of Mental Disorders*, 3e édition, 1980) qui a eu rapidement un retentissement mondial. Son succès a tenu au fait qu'elle répondait à une aspiration du moment, celle d'une classification des maladies mentales commune à toutes les écoles psychiatriques.

Ce fut un grand progrès de disposer ainsi d'un vocabulaire international. Mais la médaille a eu un revers. Cette classification qui se voulait indépendante de toute référence théorique a eu paradoxalement un effet sur les choix théoriques de la discipline.

Pour comprendre ce phénomène, il faut avoir à l'esprit que les classifications diffèrent les unes des autres par l'objectif qu'elles poursuivent. Selon qu'elles veulent *dénombrer, sélectionner* ou *aider à comprendre*, elles utilisent des critères différents. Si on veut *dénombrer* l'ensemble des cas dans une population donnée, par exemple pour une recherche épidémiologique ou pour évaluer l'activité d'une équipe, on a besoin d'une classification qui permette de trouver pour chaque cas une catégorie à laquelle le rattacher. Elle doit donc reposer sur des critères généraux et souples. Si en revanche on veut *sélectionner* des cas typiques, on devra avoir recours à des critères rigoureux qui permettront de regrouper des observations sans ambiguïté, mais qui écarteront un grand nombre d'autres trop complexes ou trop particulières. Si enfin on veut s'aider du diagnostic pour mieux *comprendre* les cas des patients qu'on a en charge, prévoir leur évolution, choisir leur traitement, on a besoin de critères identifiant les processus en cause dans l'économie psychique.

Chaque classification a une orientation préférentielle. Aucune ne peut satisfaire à la fois à ces trois objectifs. Or le DSM III, dont la seule justification était la sélection de cas, a été compris comme capable d'aider au dénombrement (ce qui est une erreur bénigne) et aussi à la compréhension de la psychopathologie (ce qui est une erreur grave).

Voyons comment les choses se sont passées.

Avant 1980, les classifications utilisées en psychiatrie visaient soit le *dénombrement* soit la *compréhension*. On disposait de la *Classification internationale des troubles mentaux* (dite CIM) établie par l'Organisation mondiale de la santé (OMS) qui en publiait régulièrement des révisions (la neuvième en 1977). On disposait aussi des classifications américaines, les DSM I (1952) et DSM II (1968). En France, on utilisait surtout une nomenclature établie en 1968 par l'Inserm (Institut national de la santé et de la recherche médicale) dite *Classification française des troubles mentaux*. Tous ces systèmes étaient destinés à fournir un outil statistique. Les définitions des entités cliniques étaient assez larges et quelle que soit la complexité d'un cas il était toujours possible de lui trouver une place. Certains critères de classification étaient objectifs, il s'agissait d'étiologies (les pathologies dues à des causes biologiques : alcool, épilepsie, sénilité, affections cérébrales et affections générales), ou de faits observables : alcoolisme, troubles du comportement, troubles isolés (anorexie, énurésie, tics, insomnies...). D'autres critères étaient purement psychologiques et reprenaient les grands diagnostics psychiatriques classiques : psychoses maniaques et dépressives, schizophrénies chroniques, délires chroniques et aigus, états confusionnels, névroses, perversions, dépressions. De telles classifications ne pouvaient rien apporter à la compréhension de la psychopathologie. Ce n'était d'ailleurs pas leur but. Elles cherchaient uniquement à dénombrer. L'information recueillie était élémentaire, mais cela n'était pas gênant dans une perspective de santé publique car elle permettait des comparaisons entre des populations différentes ou des périodes d'observation différentes. Leur inconvénient majeur était qu'elles n'étaient pas universellement acceptées car les diverses écoles psychiatriques ne définissaient pas de la même façon les différentes maladies.

Les classifications qui visent à éclairer la compréhension des maladies reposent, dans les meilleurs cas, sur des bases étiologiques et pathogéniques. Cela est souvent possible pour les maladies organiques. On connaît souvent leur cause et les mécanismes qui entraînent les troubles et les lésions. Le diagnostic apporte ainsi des informations sur la nature des troubles, leur gravité, leur évolution possible, l'orientation que doit prendre le traitement. En psychopathologie on est loin de cette situation[1].

Sans données objectives, on n'a que la ressource d'émettre des hypothèses. Depuis toujours les hommes ont construit des modèles pour essayer d'individualiser les maladies mentales et il est frappant de voir qu'ils ont toujours ajouté à la description une explication causale. Hippocrate expliquait l'hystérie par des déplacements de l'utérus. Quand, en 1777, William Cullen invente le terme névrose, il lui donne une

1. Quand en 1822 Antoine-Laurent Bayle établit une corrélation spécifique entre des altérations de l'arachnoïde et une affection mentale, la « paralysie générale », il individualise un syndrome anatomoclinique, comparable aux syndromes somatiques, et beaucoup ont rêvé de découvrir la même chose pour les autres maladies psychiatriques, mais il n'en a rien été. Certes l'électro-encéphalographie, certains dosages biologiques, des données nouvelles d'imagerie cérébrale ont apporté et vont apporter de plus en plus de repères objectifs permettant d'établir des corrélations avec des faits psychiques et donc d'imaginer des entités clinico-biologiques. Ainsi dans un ouvrage récent, Marie-Christine Hardy-Baylé et Christine Bronnec (*Jusqu'où la psychiatrie peut-elle soigner ?*, Paris, Odile Jacob, 2003) défendent l'intérêt de l'élaboration de « patterns clinico-neuro-cognitifs », définis aux trois niveaux, au niveau clinique par la description des troubles de la communication spécifiques, au niveau cognitif par les déficits des traitements contextuels et au niveau cérébral par l'absence d'activation de réseaux neuronaux. C'est là une voie de recherche, mais ces « patterns » ne constituent pas encore des critères de classification.

définition à la fois clinique (des signes fonctionnels variables : hypocondrie, troubles digestifs, cardiaques...) et pathogénique sinon étiologique : c'est une maladie du système nerveux. Quand Pierre Janet invente la psychasthénie, il lui donne une explication énergétique : elle est due à une baisse de la tension psychologique. Les médecines traditionnelles font de même, chaque maladie se voit attribuer une cause. Chaque école psychiatrique a ses modèles de référence. En France, dans les années 1960 et 1970, c'était surtout la psychanalyse mais il y en avait d'autres.

Tout praticien avait ainsi à sa disposition ces deux types de classification et utilisait l'un ou l'autre selon qu'il voulait dénombrer ses patients ou les prendre en charge.

C'est alors que le DSM III fait irruption dans le champ psychiatrique. Cette classification, qui est l'aboutissement d'une longue confrontation entre psychiatres américains et qui correspond au consensus auquel ils ont abouti, ne retient que les critères admis par tous. Ces critères ne peuvent être que cliniques. Aucune référence théorique ne faisant l'objet d'un consensus général, aucune n'est retenue. La théorie psychanalytique subit le même sort que les autres, elle est totalement écartée. Les critères diagnostiques sont uniquement objectifs. Aussi ce système peut-il être accepté par tout praticien quelles que soient sa culture et ses options théoriques. Ce type de classification ouvre une nouvelle ère diagnostique. Les révisions suivantes (le DSM III-R en 1987 et le DSM IV en 1995) se réfèrent aux mêmes principes et l'OMS s'y rallie pour sa dixième révision en 1992 (la CIM-10). Les maladies sont classées en fonction des comportements et non des processus psychiques qui les sous-tendent. Par exemple, si autrefois certains traités de psychiatrie faisaient entrer dans les critères de définition de l'hystérie le refoulement, une telle notion est écartée pour la raison que le refoulement n'est pas un critère objectif et n'est pas universellement admis.

À ce choix *qualitatif* s'ajoutent des critères *quantitatifs* destinés à éliminer toute ambiguïté. Pour retenir un diagnostic il faut un nombre suffisant de symptômes, une durée minimale, un degré de gravité minimum, il faut que le trouble « entraîne une souffrance cliniquement significative ou une altération du fonctionnement social, professionnel ou dans d'autres domaines » (les critères sont un peu moins sévères pour la CIM-10). Cette exigence rend impossible d'attribuer un diagnostic à tous les cas observés. Un grand nombre doit être rangé dans les catégories : « non spécifié » (DSM) ou « autres troubles, sans précision » (CIM). L'objectif n'est plus de dénombrer tous les cas, mais de *sélectionner* des formes typiques, reconnaissables par toute la communauté psychiatrique, permettant de les comparer à d'autres et de tester les traitements qui leur sont appliqués. Prenons l'exemple de l'anorexie mentale, le DSM IV exige pour que le diagnostic soit retenu non seulement la présence des signes psychiques : refus d'alimentation, peur de grossir, altération de la perception de son poids ou de la forme de son propre corps, mais aussi des critères somatiques : la perte de poids doit être d'au moins 15 % du poids attendu et une aménorrhée doit exister. Si un de ces deux critères manque, le cas est à classer dans « Trouble des conduites alimentaires non spécifié » et s'y trouve noyé dans un magma et où il perd toute identité. Cette exigence a l'avantage de retenir des cas typiques, mais l'inconvénient de laisser échapper les autres. La préoccupation de la *sélection* a pris le pas sur celle du *dénombrement*.

Le bénéfice de l'adoption de ce classement est évident. Grâce à lui la communication entre praticiens s'est améliorée. Lorsqu'un auteur parle d'un diagnostic, tout le monde peut comprendre de quoi il s'agit. On peut disposer de groupes de patients homogènes pour tester des médicaments, approfondir la connaissance de la symptomatologie ou comparer des évolutions. Ce troisième type de classification permet des études que les deux autres ne permettaient pas. Il a donc toute sa place à leur côté mais il n'est pas destiné à les remplacer. Or, par une étonnante dérive, on a considéré qu'il pouvait le faire.

Ainsi certains l'utilisent pour faire des dénombrements. Par exemple on l'emploie pour faire les statistiques des patients reçus dans un service au cours d'une année. On se trouve alors devant un dilemme : ou on utilise cette classification avec rigueur et un très grand nombre de cas se trouvent dans les catégories « non spécifiées », ce qui donne un résultat peu informatif, ou on diminue les effectifs de ces catégories floues, mais c'est au prix d'accommodements avec les critères et on ne peut plus dire qu'on applique fidèlement cette méthode.

L'autre dérive est plus sérieuse encore. Si les auteurs de cette classification ont écarté toute référence théorique, ce n'est pas par dédain, mais parce que aucune théorie ne faisait l'objet d'un consensus. De même s'ils n'ont pas retenu de catégorie pour les névroses, ce n'est pas parce qu'ils en niaient l'existence, mais là aussi pour la seule raison qu'elles n'étaient pas reconnues par tous. Malgré cela, s'est imposée la notion que le concept de névrose était dépassé et devait être abandonné. Du coup, le DSM a été utilisé comme une arme contre la psychanalyse. Son existence a été considérée comme la preuve de sa fausseté. Adopter l'un signifiait rejeter l'autre.

L'erreur est manifeste. Quel inconvénient y a-t-il à choisir les catégories du DSM pour communiquer avec d'autres collègues et parallèlement à utiliser une classification d'inspiration psychanalytique pour la compréhension d'un cas clinique ? Pourquoi se priver de l'une ou de l'autre de ces ressources ? Il n'y a pas un bon instrument et un mauvais, il y en a deux, destinés à des usages différents.

Nous verrons dans les chapitres suivants ce que cette nosologie apporte et qu'elle est seule à apporter. Elle repose certes sur des notions théoriques mais ce sont des notions auxquelles on ne peut faire le reproche de n'être ni scientifiques ni pratiques. Ce sont celles annoncées plus haut qui sont le bébé à ne pas jeter avec l'eau du bain. Pour les caractériser brièvement on peut dire qu'elles font partie des théories freudiennes du préconscient et non de celles de l'inconscient. Nous l'expliciterons plus loin.

Cette nosologie d'inspiration psychanalytique a toutefois ses limites. Elle ne peut pas tout expliquer. Il y a des domaines où sa compétence est faible (particulièrement celui des psychoses). Il est bon de profiter de ce qu'elle apporte mais il ne faut pas trop lui demander. À l'inverse, il serait appauvrissant de ne rien accepter d'elle. Il faut lui demander de livrer toute sa vérité et rien que sa vérité.

LES NOUVELLES DONNÉES PSYCHOPATHOLOGIQUES

Aux critiques adressées à la psychanalyse et à l'influence des classifications nouvelles se sont ajoutées des découvertes tout à fait bénéfiques puisqu'elles enrichissaient les connaissances psychopathologiques mais elles ont eu un effet négatif. Elles ont accéléré le rejet de la psychanalyse. Cela n'était pas logique car ces données nouvelles pouvaient être acceptées en complément des données anciennes, quitte à ce qu'elles corrigent certaines de leurs erreurs, mais il n'y avait pas incompatibilité entre les unes et les autres. L'esprit humain a sans doute de la difficulté à embrasser des choses complexes et pour un grand nombre l'acceptation de ces nouveautés entraîna le rejet du passé. Pire, beaucoup considérèrent qu'elles sonnaient le glas des conceptions précédentes et qu'elles « démontraient » leur inanité.

Deux grands courants ont dominé cette évolution, un courant biologique qui permit le développement de la psychiatrie biologique et un courant psychologique, le cognitivo-comportementalisme.

La psychiatrie biologique

La psychiatrie biologique de balbutiante devient précise et solide. Les progrès viennent de plusieurs disciplines. La chimiothérapie se développe. On connaît de mieux en mieux les mécanismes d'action des médicaments et la nature des troubles biologiques qu'ils corrigent. Le nombre de maladies qui peuvent être améliorées par des traitements biologiques augmente. La neurochimie met en évidence les neurotransmetteurs impliqués dans diverses affections : les psychoses, la dépression, la manie. La génétique identifie des mécanismes héréditaires. La chronobiologie étudie les perturbations des rythmes circadiens notamment dans la dépression. L'électrophysiologie procède à des analyses des potentiels évoqués et des spectres de fréquence et elle étudie les perturbations du sommeil. Les zones cérébrales impliquées dans diverses maladies sont de mieux en mieux connues. Autrefois les études sur les localisations cérébrales étaient limitées à la recherche des fonctionnements psychiques chez les sujets qui avaient une lésion et on avait trouvé des différences selon la localisation et l'étendue des destructions cellulaires. Tout ce qu'on pouvait étudier était des déficits. Avec les méthodes d'imagerie moderne, tomographie d'émission monophotonique (TEMP), imagerie par résonance magnétique fonctionnelle (IRMf) et tomographie par émission de positons (TEP), on peut étudier le débit sanguin cérébral et le degré d'activité des zones cérébrales au moment où le sujet pense ou agit et on peut localiser des hyperfonctionnements et des hypofonctionnements.

C'est un progrès incontestable. Cela ne veut pas dire que les causes psychiques qu'on envisageait auparavant étaient toutes fausses, mais cela montre néanmoins qu'elles n'étaient pas exclusives. Beaucoup de praticiens se sont montrés plus radicaux et ont prédit que la biologie allait expliquer toute la psychopathologie et que les psychothérapies, notamment la psychanalyse, n'avaient plus de raison d'être.

Le cognitivo-comportementalisme

C'était bien sûr excessif et on aurait pu penser que ces mécanismes biologiques laissaient la place à des facteurs psychologiques et que la psychanalyse pouvait continuer à être utilisée, mais, au même moment, s'est développée la méthode cognitivo-comportementale qui est entrée en compétition avec elle. Elle est d'ailleurs entrée aussi en compétition avec les autres méthodes psychothérapiques. Elle va rapidement avoir une influence directe sur la pratique psychiatrique. La technique thérapeutique est assez facilement assimilée par beaucoup de psychologues et de psychiatres (avec toutefois des niveaux de compétence variables) et la théorie renouvelle bien des aspects de la compréhension des maladies psychiques en fournissant des modèles qui ne sont pas toujours nouveaux mais qui le paraissent, comme nous allons le voir. Cette irruption d'une théorie nouvelle au moment où on se met à douter de la psychanalyse va contribuer à son rejet, d'autant plus qu'elle méconnaît la notion d'inconscient, ce qui ravit ceux qui avaient du mal à l'accepter.

Nous allons faire une brève présentation de cette méthode.

Le comportementalisme repose sur le concept de deux types de conditionnements. Les travaux de Pavlov étaient connus depuis plus de cinquante ans et la méthode était déjà appliquée en psychiatrie où on l'utilisait pour des « déconditionnements ».

– Le conditionnement classique, pavlovien, est illustré par la célèbre expérience sur le chien. Il y a chez lui (comme chez tout être vivant) un réflexe « inconditionnel » (qui n'a pas besoin de condition particulière) : s'il a faim et qu'il voit une boulette de viande, il sécrète de la salive. Si pendant que cela se produit, on associe un autre stimulus (par exemple on lui fait entendre un son de cloche), après un certain temps, le son de cloche suffira pour faire sécréter la salive. Un stimulus « conditionnel » (né du conditionnement) a acquis la capacité du stimulus « inconditionnel ». Pour créer un nouveau réflexe de ce type, il faut l'existence d'un réflexe naturel (inconditionnel) et la contiguïté dans le temps des deux stimulations.

– Skinner a décrit un deuxième type de conditionnement. Il ne nécessite pas l'existence préalable d'un réflexe physiologique, n'importe quel comportement peut être à son origine. Ce qui intervient est ce que ressent le sujet : si l'effet de ce comportement est agréable, il provoquera un « renforcement positif » et le comportement aura tendance à se reproduire ; s'il est désagréable, ce sera l'inverse, il entraînera un « renforcement négatif » (une inhibition).

À partir de ce modèle très simple, les comportementalistes expliquent une grande partie du fonctionnement psychique. Ce sont des réflexes conditionnels qui orientent le développement de la personnalité et les troubles psychiques sont la conséquence de conditionnements malheureux. Par exemple, l'agoraphobie est interprétée comme la conséquence d'un événement où s'est produit une forte émotion dans un grand espace (réflexe pavlovien) et son maintien s'explique par des réflexes skinneriens (si le sujet a peur de sortir et qu'il reste chez lui, l'apaisement d'angoisse qu'il ressent renforce sa phobie). Ce modèle a aussi permis de construire une méthode thérapeutique : dans une phobie d'animal avec apparition d'angoisse à la simple évocation de l'animal, si on apprend au sujet à contrôler son anxiété par la relaxation, il pourra alors évoquer l'animal en restant serein et obtiendra ainsi un « renforcement positif » de cette évocation qui deviendra alors possible sans dommage. Autre exemple : on a utilisé le conditionnement skinnerien pour créer un dégoût de l'alcool chez des alcooliques. En leur provoquant par un produit chimique des nausées et même des vomissements au moment où ils buvaient de l'alcool, on créait un « renforcement négatif » de leur attrait pour la boisson.

Tout cela était quelque peu élémentaire et le cognitivisme en a fait une thérapeutique plus subtile.

Le cognitivisme explique le fonctionnement psychique par des « cognitions ». Ce sont des « actes de connaissance », et non les connaissances elles-mêmes. Ce sont les processus qui les permettent. Ces processus interviennent à toutes les étapes du fonctionnement psychique. Une information est reçue selon des « schémas » qui vont l'interpréter (une même information sera perçue comme inquiétante par l'un et rassurante par l'autre), puis elle est soumise à des « processus » qui vont l'organiser, l'adapter à d'autres pensées et en faire en « événement » cognitif. C'est à partir de ces « événements » que sont préparés des « plans d'action » qui aboutissent à des comportements. Et les comportements, en fonction de leurs résultats, retentissent sur les « schémas » cognitifs.

Ce modèle explique l'apparition des symptômes et sert de base à une méthode thérapeutique. Dans maintes maladies les « schémas » cognitifs sont perturbés. Le sujet aborde toute situation avec des convictions dont il n'a pas clairement conscience, ce sont des « postulats silencieux » du type : « Il y a des microbes partout », ou « Si je commets une erreur, je serai déshonoré et mes amis m'abandonneront ». Les « processus » cognitifs qui suivent sont aussi perturbés. Par exemple, le sujet fait des « inférences arbitraires », il associe les informations à des idées sans rapport avec elles, ou il « minimalise », c'est-à-dire atténue l'importance de tout, ou au contraire « maximalise » ou fait des « surgénéralisations », il fait une généralité d'un cas particulier ou il fait des « abstractions sélectives », il choisit dans une situation un détail sans tenir compte de l'ensemble. Le résultat est une série d'« événements » qui sont des idées qui s'imposent à l'esprit. Un phobique de la saleté qui doit prendre une chambre d'hôtel, commencera sa démarche avec l'idée préconçue qu'il y a toujours un manque d'hygiène dans les hôtels. Lorsqu'il aura visité la chambre il associera ce qu'il a vu aux virus, aux microbes, au manque d'hygiène des locataires précédents, aux carences d'entretien et il amplifiera sa vision péjorative de la situation. Il va ainsi bâtir un « événement » cognitif du type : « C'est dangereux de loger ici, je ne peux rester » et son départ renforcera son « schéma » de perception des chambres d'hôtel. Un aspect majeur de ce fonctionnement est que ces étapes ne sont pas toutes conscientes : le phobique de la saleté pense que ses craintes sont justifiées (il n'a pas la notion que ses schémas cognitifs sont inadaptés), il n'a pas non plus la notion qu'il utilise des processus renforçateurs car les associations d'idées qu'il fait ne sont pas conscientes. Les seules représentations qu'il a à l'esprit sont les « événements » cognitifs : la dangerosité du lieu et le « plan d'action » qu'il en déduit.

Ce phénomène indique la voie que va prendre la psychothérapie. La méthode est le « raisonnement socratique ». Il est demandé au sujet de réfléchir à ses réactions. Le but est de lui faire prendre conscience de ses schémas et de ses processus. On fera parler notre phobique de sa visite de la chambre et de ce que cela lui évoque. S'il parle du manque d'entretien, on lui demandera s'il a vu des objets sales. S'il parle de microbes, on discutera du fait qu'il y en a partout et qu'ils ne rendent pas tous malades. C'est ce que les cognitivistes appellent le raisonnement socratique. Chaque idée est analysée, critiquée, argumentée. Et lorsque le sujet a pris conscience de ses schémas et de ses processus, on l'incite à reconnaître leur excès ou leur erreur et à les corriger. Et cela est efficace ! Comment le comprendre ? Il faut concevoir que ces mécanismes sont certes inconscients mais pas profondément. Ils sont du niveau de ce que la psychanalyse appelle préconscient.

Cette méthode a eu beaucoup de succès et son adoption a accéléré le rejet de la psychanalyse. Pour certains celle-ci devenait inutile puisqu'on disposait d'une technique plus simple et plus rapide. Pour d'autres on avait là une « preuve » de sa « fausseté ». On proclamait que la psychanalyse était morte et qu'on disposait maintenant d'une méthode réellement scientifique. Ce faisant on méconnaissait que, si la psychanalyse s'intéresse particulièrement à l'inconscient, elle s'intéresse aussi au préconscient. Celui-ci fait partie de son champ d'exploration. Le cognitivisme n'est pas le premier à l'explorer. Nous verrons, à plusieurs reprises, que certains mécanismes préconscients que le cognitivisme met en évidence avaient été déjà identifiés par la psychanalyse. On peut considérer que le cognitivisme, s'il a bien rejeté la conception psychanalytique de l'inconscient, a conservé celle du préconscient. Il est donc plus un disciple qu'un adversaire. Pourtant les cognitivistes ne font jamais référence à la psychanalyse et au contraire la rejettent avec vigueur. Ils ne disent jamais en quoi leurs modèles ressemblent aux siens. Comment les ont-ils construits ? Leur démarche a-t-elle été pure de tout apport psychanalytique ? Ou ont-ils *refoulé* ce que Freud leur avait appris et leur dette envers lui ?

Le reconnaître n'enlèverait rien à leur mérite. Car dans un certain sens ils sont allés plus loin car ils ont été novateurs pour les applications thérapeutiques : leur technique est efficace et originale. Le « raisonnement socratique » est différent de la libre association d'idées. On pourrait résumer l'aventure en disant que la psychanalyse a apporté la théorie et que le cognitivisme y a ajouté une technique. Il a donc construit du nouveau comme un héritier développe ce qu'il a reçu. Il est dommage que cet héritage ne soit pas reconnu.

CHAPITRE 2

Les apports possibles de la psychanalyse à la psychiatrie

La psychanalyse dispose de moyens d'exploration que n'a pas la psychiatrie. Son écoute de la vie fantasmatique profonde lui fait entrevoir des structures et des processus cachés à l'observation clinique et elle peut en faire profiter la psychiatrie. Elle est en mesure de constituer des modèles de fonctionnement psychique que celle-ci peut s'approprier. Ils peuvent enrichir son arsenal psychopathologique et l'aider à comprendre les faits cliniques qu'elle observe. Les classifications internationales lui apportent des catégories de rangement, mais pas de modèles pour comprendre la pathologie. La psychanalyse lui permet d'aller au-delà des comportements et d'imaginer les mécanismes psychiques qui les sous-tendent.

Nous verrons cela pour chacun des grands cadres de la nosologie. Un rappel de repères théoriques montre le tri qui a été fait dans l'ensemble théorique psychanalytique car, il faut y insister à nouveau, seuls certains peuvent intéresser les psychiatres et psychologues sans formation psychanalytique.

DE LA SANTÉ À LA MALADIE MENTALE

Les classifications des maladies mentales ne s'intéressent, par définition, qu'à la pathologie. La psychanalyse, quant à elle, s'intéresse à tous les aspects du fonctionnement psychique, qu'il soit sain ou malade. Les premières peuvent donc se limiter à ne définir que le pathologique et se contenter de définir la santé mentale par un critère négatif : l'absence de maladie. Ces deux états sont alors considérés comme hétérogènes. Un sujet est malade ou ne l'est pas. Pour la psychanalyse, il y a un continuum entre la santé mentale et la maladie. Les mécanismes qui régissent les troubles psychiques ne sont pas différents de ceux qui régissent le fonctionnement sain. Ils en sont la déformation de telle sorte qu'il y a une gradation entre un type de fonctionnement normal, un trait de caractère, un trouble de la personnalité et un syndrome pathologique constitué. Prenons l'exemple de l'hystérie : un sujet en parfaite santé peut avoir, à l'occasion, une réaction d'allure hystérique, à un degré de plus il peut avoir tendance à ce type de réaction, à un degré de plus on quitte la santé et ce sera un trouble de la personnalité, enfin si les choses sont plus intenses, plus permanentes, plus manifestes, ce sera une authentique névrose. Ces manifestations seront qualitativement de même nature. Leur différence sera quantitative.

Cette opposition entre la conception de deux états hétérogènes et celle d'un continuum est en fait un peu artificielle. Car en pratique, on rencontre toutes sortes de cas intermédiaires qui ne sont pas de réelles maladies et qui pourtant s'écartent de la normale. On parlera de maladies légères ou de tendances pathologiques, peu importe, mais on sera toujours confronté à la définition de ce qu'est la santé mentale. Et se limiter au critère de l'absence de maladie est un peu court. Lorsqu'on veut expliquer qu'une machine marche bien, on ne se limite pas à dire qu'elle n'est pas en panne, on décrit les fonctions qu'elle remplit. Ce serait un comble de ne pas le faire pour le fonctionnement psychique.

Une précision terminologique est d'abord nécessaire. Faut-il parler de normalité ou de santé ? Ces deux termes sont-ils équivalents ? Non. La normalité n'est pas forcément la santé et la santé n'est pas forcément la normalité. L'état normal est un état moyen. Dans un groupe où tout le monde est malade, la normalité est de l'être comme les autres. Les *anormaux* ne sont pas tous des malades, il y a parmi eux des sujets originaux ou anticonformistes qui sont ainsi car ils le veulent bien et qu'ils réalisent par ce comportement particulier leur vitalité et leur créativité. Parmi les sujets *normaux*, mais mal portants, certains sont adaptés à leur environnement et n'ont aucun trouble du comportement qui les fasse repérer comme malades ; ils ont pourtant une pauvreté affective ou une dépendance qui témoignent d'un rétrécissement de la personnalité. Ils ne sont pas en bonne santé. Pour la suite de notre propos nous ne parlerons que de santé mentale et pas de normalité.

Curieusement, il n'est pas très facile de définir la santé. L'Organisation mondiale de la santé (OMS) avait, en 1946, défini la santé en général comme « un état complet de bien-être physique, mental, social », puis dans des déclarations successives (1978, 1986, 1997) elle a élargi son propos à la défense du droit à la santé en préconisant les mesures politiques, sociales, organisationnelles nécessaires pour la promotion de la santé. C'est une position pragmatique. Elle ne comble pas le besoin d'une définition de la santé. Dans une publication récente Philippe Cabestan[1], après avoir dit : « La santé et la maladie dans le domaine des conduites humaines ne sont pas une affaire de normes sociales, de normes statistiques ou idéales », estime que la santé se définit avant tout par « la liberté et l'ouverture au monde ». Hans-Georg Gardamer[2] emploie le terme d'équilibre, considérant la maladie comme une perte d'équilibre. Ces formulations sont précieuses mais si réductrices qu'elles ne précisent pas concrètement ce qu'est la santé mentale.

Un processus psychologique identique

Bien des auteurs sont allés plus loin. Je proposerai d'abord une définition inspirée de la psychanalyse. Ce sera mon premier exemple de l'aide conceptuelle qu'elle peut nous apporter. Si on part de l'idée que le fonctionnement sain est régi par les mêmes processus psychiques que le fonctionnement pathologique, mais qu'ils sont multiples, qu'aucun ne s'impose de façon exclusive et que s'il y a maladie, c'est parce qu'un processus évolutif a été bloqué et qu'un certain fonctionnement est resté prédominant sans permettre à d'autres plus différenciés de s'installer, la maladie se caractérise alors par la prédominance et parfois l'exclusivité d'une tendance. Ce fonctionnement, au lieu de trouver sa place au sein de plusieurs fonctionnements possibles, monopolise toute la vie affective. Il est comme une caricature dans laquelle un seul trait est choisi pour désigner la personne. Il est aussi un appauvrissement car

1. Cabestan Ph., « Le normal et le pathologique : un point de vue philosophique », *Neurosciences*, vol. III, n° 13, mai-juin 2003, p. 114-119.
2. Gardamer H.-G., *Philosophie de la santé*, Paris, Grasset, 1998.

l'éventail des réactions affectives s'en trouve restreint. Au contraire, la santé mentale se caractérisera par une diversité de fonctionnements possibles en fonction des circonstances et des objectifs du sujet. Le bien portant a à sa disposition plusieurs modalités de réactions, le malade n'en a que quelques-unes voire une seule. L'obsessionnel ne pourra être qu'obsessionnel dans tous ses actes même si cela lui est préjudiciable, le paranoïaque ne pourra être que paranoïaque, l'hystérique qu'hystérique. À l'inverse le sujet sain peut choisir comment réagir. Celui qui doit faire un rangement ou un classement aura intérêt, s'il veut le faire avec plaisir, à mobiliser toutes ses composantes obsessionnelles. Celui qui est confronté à un procès complexe avec des adversaires de mauvaise foi fera bien, s'il veut se défendre efficacement, de stimuler le capital paranoïaque qu'il peut avoir. Celui qui participe à une fête gagnera à donner libre cours à ses éventuelles tendances hystériques s'il veut être à l'unisson de l'euphorie ambiante. À la différence des vrais obsessionnels, vrais paranoïaques ou hystériques, ces sujets ne seront pas sous l'emprise de ces tendances, ils en joueront comme un musicien joue de divers instruments. Richesse et souplesse sont complémentaires. C'est déjà une bonne chose de disposer de modalités de réaction variées, mais ce n'est vraiment un signe de santé psychique que si on est capable de les choisir et de les utiliser en fonction des circonstances, de ses projets, de ses intérêts. On peut en déduire, sous forme de boutade, une nouvelle définition de la santé psychique : le sujet sain est celui qui a toutes les maladies, en petites quantités, et qui est capable de choisir celle qui lui convient en fonction des circonstances.

Quatre caractéristiques de la santé psychique

Elles sont complémentaires : ce sont l'équilibre, la richesse, la souplesse et la solidité. Elles se retrouvent dans quatre secteurs majeurs de la vie psychique : le vécu subjectif, l'estime de soi, l'activité et la créativité, les capacités d'adaptation.

Le vécu affectif comprend d'abord l'état de bien-être, cher à l'OMS. Il est certes un critère important, encore faut-il préciser sa nature. L'intense euphorie du maniaque ou la jubilation du pervers ne sont pas des signes de santé. Le sentiment de bien-être doit être équilibré (suffisant mais non excessif) et solide (suffisamment résistant aux petites contrariétés pour être assez stable). Un tel état de santé n'est pas exempt d'anxiété. Celle-ci est inévitable. Elle devient pathologique lorsqu'elle est intense, inadaptée, incontrôlable et surtout inhibante ; mais elle reste dans les limites de la santé lorsqu'elle est modérée, adaptée, contrôlable. Elle peut même devenir stimulante. Son absence est aussi pathologique que son excès. Le vécu affectif dépend aussi de la sensibilité aux événements. La santé psychique comprend une capacité à éprouver des sensations et des émotions équilibrées, ni trop faible (l'insensibilité) ni trop forte (l'hypersensibilité) et suffisamment riche (permettant d'apprécier des choses et des sensations diverses). La sensibilité psychique est comme celle de la peau, il y a (dans le monde animal et aussi chez les humains) des peaux épaisses qui ne perçoivent que les frottements rudes et des peaux sensibles au moindre effleurement. Certains sujets ont le handicap de ne ressentir que les émotions massives, mais la plupart disposent d'un registre plus large et sont capables d'apprécier les impressions délicates et les différences subtiles. L'éducation et la culture tendent à développer cette sensibilité, mais le succès de cette formation dépend de la personnalité du sujet. La maladie mentale entraîne un trouble de cette sensibilité allant de l'hyperesthésie de l'hystérique à l'indifférence du schizophrène. La santé psychique comporte la capacité suffisante et non excessive d'apprécier des stimulations différenciées.

La compréhension de l'estime de soi a été renouvelée par les travaux psychanalytiques de ces trente dernières années consacrés au narcissisme. Ce terme a en français un sens étroit, il signifie amour de soi excessif. Il est lié au mythe de Narcisse amoureux de lui-même. Pour les psychanalystes il a deux composantes : l'amour de soi et l'estime de soi, et il peut être perturbé autant par défaut que par excès. Ces deux composantes doivent pour être signes de santé psychique avoir les quatre qualités déjà évoquées. Il est intéressant d'approfondir un peu le problème de l'estime de soi. Nous verrons plus loin sa pathologie. Deux qualités sont essentielles : la modération et la stabilité. La modération n'est pas l'objectivité totale qui est impossible, mais un degré suffisant d'objectivité, dans une appréciation ni excessive ni insuffisante. La stabilité vient de la résistance aux contingences, elle nécessite de ne pas s'effondrer devant un échec, une critique ou une injure comme de ne pas s'enfler sous la flatterie. La pathologie de l'estime de soi associe le manque de ces deux qualités, c'est-à-dire le manque de modération et la fragilité. Elle est faite d'oscillations entre des états d'inflation et des états de déréliction, en fonction des satisfactions et des frustrations, des succès et des échecs. Elle ne peut se stabiliser à un niveau moyen.

L'activité et la créativité ainsi que l'ensemble des relations sociales dépendent de la capacité d'investissements affectifs, de l'intérêt que le sujet est capable d'avoir pour les choses, les personnes, les idées. En termes freudiens il s'agit de la capacité d'investissement libidinal. Certes, la pulsion sexuelle qui produit la libido ne fait jamais défaut chez un individu, mais elle peut se manifester plus ou moins selon qu'elle est disponible ou bloquée dans des conflits psychiques. Ici encore la différence entre santé et pathologie dépend de son degré, de sa diversité, de sa souplesse et de sa force.

L'adaptabilité n'est pas la soumission passive aux circonstances et à l'entourage. C'est la capacité à retrouver ses aptitudes affectives après s'être heurté à des difficultés. On sait que toute frustration entraîne une régression. Celui qui se sent en infériorité risque de devenir violent, celui qui échoue risque de se décourager et de se replier sur lui-même. Ces réactions consistent en l'abandon d'une attitude d'une certaine qualité pour une autre de qualité moindre, plus archaïque, plus grossière. Le mécanisme est général mais il y a des différences dans les degrés de sensibilité aux frustrations, l'intensité des régressions et les capacités de récupération. La santé psychique ne rend pas insensible aux frustrations, mais modère le degré de régression et met à la disposition du sujet une gamme de compensations et des possibilités d'investissements nouvelles. Ici encore la santé signifie équilibre (capacité à attacher aux choses l'importance qu'elles méritent), richesse (aptitude à trouver des investissements variés), souplesse (capacité à changer d'orientation selon les circonstances) et, par là, solidité (capacité à résister aux frustrations).

Cette capacité d'adaptation est reconnue par toutes les écoles psychologiques comme une qualité essentielle. On lui décrit diverses formes selon ce à quoi il faut s'adapter. S'il s'agit du stress, on parle dans la littérature anglo-saxonne de *coping*, terme qui désigne l'aptitude à faire face à ces difficultés dans laquelle intervient l'estime de soi, la résistance aux frustrations, la capacité à symboliser, que nous retrouverons à propos de la souffrance, et la capacité d'investissement libidinal. S'il s'agit de l'aptitude à dépasser les traumatismes infantiles on parle de résilience, les mécanismes en cause étant les mêmes. Cette question est parfois abordée sous l'angle des compétences psychosociales. C'est une conceptualisation à visée pédagogique et psychosociale. Elle ne cherche pas à comprendre les dynamiques individuelles, mais à définir des stratégies et des méthodes pour développer ces compétences dans la population.

In fine ce n'est pas la santé qui se définit par rapport à la maladie mais la maladie par rapport à la santé. La pathologie se caractérise non seulement par des symptômes, mais aussi par un amoindrissement des possibilités vitales, une fermeture de l'éventail des possibilités et la monopolisation de la vie psychique par un nombre limité de modalités réactionnelles.

PLAIDOYER POUR LE PRÉCONSCIENT

La distinction entre l'inconscient et le préconscient est la pierre angulaire pour séparer les concepts freudiens utiles à la psychiatrie de ceux qui ne le sont pas. Le domaine de l'inconscient est inaccessible par un entretien clinique courant, il justifie le qualificatif de « non scientifique » et ne peut servir à la classification des maladies psychiques. À l'inverse, celui du préconscient est accessible, « scientifique » et utilisable pour les classifications. Il faut donc être au clair sur leurs différences.

Le domaine de l'inconscient est beaucoup plus important que celui du conscient. C'est lui qui régente l'essentiel de la vie affective. C'est en lui que résident les raisons profondes des décisions, des choix et des actions. Il est tout-puissant sur la vie de l'être humain qui se trouve ainsi dirigé par la partie de lui-même qu'il connaît le moins.

L'inconscient est constitué par ce que le refoulement y a introduit et qu'il empêche de sortir. Et ce qu'il refoule c'est ce qui est intolérable à la conscience. Et pourquoi une représentation est-elle intolérable à la conscience ? C'est parce que le surmoi l'interdit, ce qui entraîne une tension pénible (par culpabilité) dont le psychisme se protège en refoulant la représentation. Ce qui va empêcher son retour à la conscience n'est pas un mécanisme d'oubli ou de négligence car dans ce cas le sujet n'éprouverait aucune peine à la retrouver. Elle est inaccessible parce qu'elle est intolérable et qu'il faut à tout prix qu'elle soit maintenue hors de la conscience. Cela explique que, lorsque se présente l'occasion qu'une représentation inconsciente puisse devenir consciente, par exemple par une interprétation qu'on donne au sujet, celui-ci a beaucoup de mal à l'accepter. Cette interprétation lui paraît injustifiée, fallacieuse, intolérable. Il a plus tendance à la rejeter qu'à l'étudier.

Le préconscient a certes aussi un contenu que la conscience méconnaît, mais son domaine est beaucoup moins étendu et son fonctionnement est très différent. Les raisons de la méconnaissance ne sont pas aussi fortes. Elles sont plus proches de l'oubli que du refoulement car les représentations qu'il contient sont, certes peu agréables, mais pas intolérables. Leur prise de conscience est moins douloureuse. Le préconscient joue aussi un rôle dans les rêves, les actes manqués, les motivations obscures, mais ce rôle est beaucoup plus facile à déceler. Il en est de même dans les troubles psychiques. Prenons un exemple clinique. Supposons un sujet qui a la phobie des animaux. Les processus qui la sous-tendent peuvent être inconscients, préconscients. La phobie peut être liée à des conflits psychiques précoces pendant la période œdipienne. La découverte de ces conflits sera alors difficile et le sujet éprouvera beaucoup de résistance à les accepter ; cette découverte est nécessaire à la résolution de ces conflits. Une phobie qui a l'air d'être semblable peut être due à une scène oubliée au cours de laquelle l'enfant a eu peur d'un animal. Ce souvenir est plus facile à retrouver et à accepter et le traitement de cette phobie est plus facile. Dans le premier cas l'inconscient est en cause, dans le second seulement le préconscient.

Ce préconscient peut être exploré *scientifiquement.* Les trois arguments qui permettaient d'écarter du domaine scientifique l'inconscient ne sont pas valables pour lui. Son interprétation est certes subjective, mais beaucoup moins que celle de l'inconscient et surtout elle est contrôlable par plusieurs observateurs qui peuvent confronter leurs hypothèses. Il y a, là encore, un certain degré de subjectivité qui n'est pas plus important que dans d'autres démarches dont on ne conteste pas la rigueur scientifique. Quand la classification américaine DSM IV donne des « troubles factices » la définition : « Production ou feinte intentionnelle de signes ou de symptômes physiques ou psychologiques » dont la motivation est « de jouer le rôle de malade » en l'« absence de motifs extérieurs à ce comportement (par exemple, obtenir de l'argent, fuir une responsabilité légale ou améliorer sa situation matérielle ou physique comme dans la simulation) », il admet que ce diagnostic nécessite une certaine interprétation de ce qu'on observe. Quand le cognitivisme utilise la notion de schéma cognitif, il imagine un mécanisme préconscient sous-jacent au comportement. Quand, par exemple, il note qu'un patient a des distorsions de ses processus cognitifs et qu'il fait des *minimalisations*, c'est-à-dire qu'il a tendance à sous-estimer l'importance d'un certain nombre de faits, il identifie des processus dont le sujet n'a pas conscience et se livre donc à une interprétation. D'ailleurs, dans la vie courante, ne nous livrons-nous pas en permanence à de telles interprétations lorsque, par exemple, nous attribuons la froideur d'un ami à un souci personnel plutôt qu'à une rancœur envers nous ? Dans tous ces cas, il y a bien une interprétation, mais elle est différente de celle qui concerne l'inconscient. Elle vise à expliquer un mécanisme sous-jacent à la conscience, peu profond et en lien direct avec ce qui est manifeste. Elle est facilement accessible au sujet lui-même alors qu'il lui est toujours très difficile d'accéder à son inconscient. Elle peut aussi être contrôlée par un autre. Personne ne nie le caractère scientifique de cette approche. Or c'est ce type d'interprétation que nécessite le préconscient.

Les deux systèmes fonctionnent souvent en association. Les représentations préconscientes sont liées à des représentations inconscientes comme la partie émergée de l'iceberg est liée à la partie immergée. L'organisation de la personnalité obsessionnelle en est un bon exemple, comme nous le verrons plus loin. À sa base, il y a une fixation profonde à la période sadique-anale du développement affectif. Cette fixation est fortement refoulée et n'est accessible qu'après une longue démarche analytique. Mais certains aspects de cette organisation sont du domaine du préconscient. Ainsi le trouble obsessionnel-compulsif dans lequel le sujet redoute de faire du mal peut être compris comme sous-tendu par la peur d'avoir envie d'en faire et la culpabilité qui en découle. Cela ne suffit pas à comprendre toute l'économie de cette névrose ni à guérir le patient s'il en prend conscience, mais cela permet une première compréhension très utile à la prise en charge du patient. Le psychanalyste s'intéressera avant tout à la partie immergée de l'iceberg. Le clinicien n'aura accès qu'à la partie émergée mais ce n'est pas négligeable et nous verrons son utilité.

Cette prise en compte du subjectif n'est d'ailleurs pas une exclusivité de la psychopathologie. Bien d'autres disciplines médicales la pratiquent. L'appréciation de l'intensité d'une douleur, d'une nausée, d'un vertige ou du retentissement d'une maladie sur la qualité de vie présente les mêmes difficultés et les cliniciens cherchent à les évaluer sans considérer qu'en le faisant ils cessent d'être scientifiques. Lorsque des spécialistes de l'imagerie médicale ont à comparer la taille ou l'intensité d'images pathologiques et qu'ils ne disposent pas de méthodes objectives pour le faire, ils les font évaluer par plusieurs observateurs et retiennent l'appréciation qui a rassemblé la majorité des suffrages.

On voit que le débat sur la qualité scientifique de la psychanalyse passe par la distinction entre préconscient et inconscient. Il est très remarquable que cette distinction soit si rarement faite. Le préconscient est souvent négligé, sinon méprisé. Il est le parent pauvre de la théorie psychanalytique. Les psychanalystes s'y intéressent peu et certains vont même jusqu'à considérer qu'il ne fait pas vraiment partie de la théorie psychanalytique. Déjà Anna Freud s'était heurtée à cette conception et, en 1946, dans son ouvrage *Le Moi et les mécanismes de défense*[3], elle s'insurgeait contre la position des psychanalystes qui pensaient que « le nom de psychanalyse devait être réservé à la partie des découvertes nouvelles qui concernait la vie psychique inconsciente » et qui accusaient d'« apostasie envers la psychanalyse » ceux qui portaient intérêt aux couches psychiques plus superficielles. Sa remarque visait la pratique psychanalytique. Elle est encore plus valable pour l'utilisation de la théorie par les non-analystes et pour une pratique psychiatrique.

3. Freud A., *Le Moi et les mécanismes de défense* (1946), traduction française, Paris, PUF, 1949.

Les critères préconscients et la classification des maladies

Les mécanismes préconscients peuvent être utilisés pour classer les maladies car ils fournissent des critères qui complètent l'analyse clinique. Prenons l'exemple d'une « phobie des couteaux », le sujet redoutant d'utiliser ces objets et n'ayant pas une idée claire de ses raisons. Si on approfondit la signification préconsciente de cette crainte on peut trouver que le sujet a peur de se blesser ou, au contraire, a peur d'agresser les autres. Son comportement peut ainsi relever de deux troubles différents. L'interprétation du préconscient a permis un diagnostic plus précis que le simple repérage comportemental et il ne s'agit pas d'une simple finesse classificatoire, cette compréhension du mécanisme sous-jacent va permettre d'aider le patient à le corriger.

On ne peut pas dire que cette démarche ne soit pas scientifique et c'est pourtant au nom de la science que beaucoup l'ont abandonnée !

Pour toute une série de troubles psychiques, la psychanalyse, grâce à ce type d'approche, apporte de précieux critères de classement et de compréhension[4].

---

4. Les catégories diagnostiques à retenir ne sont pas toutes celles qu'a proposées Freud ni exclusivement les siennes. Lors de ses premières ébauches nosologiques, il distinguait les *névroses actuelles* et les *psychonévroses*. Les premières étaient dues à une insatisfaction sexuelle (actuelle) et leurs symptômes n'avaient pas une valeur symbolique. Les secondes avaient aussi une cause sexuelle mais elle était située dans le passé et leurs symptômes étaient l'expression symbolique des conflits infantiles. Cette distinction a peu d'intérêt maintenant. Après 1915, il divisera ces *psychonévroses* en *névroses narcissiques* (correspondant aux psychoses et à la maladie maniaco-dépressive) et *névroses de transfert* (hystérie d'angoisse, hystérie de conversion, névrose obsessionnelle). Cette notion de névroses de transfert est la plus utile. Après lui d'autres analystes apporteront des contributions qui méritent d'être prises en compte.

La suite du livre est destinée à le démontrer. On dit parfois qu'il s'agit de modèles théoriques. C'est exact mais ils ont toutes les qualités requises pour être des modèles scientifiques. Ils sont prédictifs et reproductibles. Ils sont réfutables. Ceux qui les acceptent peuvent expliquer rationnellement leurs raisons et peuvent en débattre avec ceux qui les refusent. Ils peuvent échanger des arguments sans tenir compte des motivations personnelles et des refoulements des uns ou des autres. Enfin, qualité majeure, ils sont utilisables par les non-analystes.

La réticence des psychanalystes envers le préconscient entraîne une réticence encore plus grande envers les modèles destinés à classer les maladies. Leur étude est considérée comme une voie dangereuse conduisant à une sclérose du travail de pensée indispensable à la pratique psychanalytique. Cette étonnante réticence vient du fait que le problème est mal posé. Certes cette utilisation est sans intérêt et serait même nocive dans la conduite des cures psychanalytiques. Cela n'apporterait rien de cataloguer l'analysant dans un cadre nosologique et pourrait même perturber l'écoute de son discours.

Mais la situation est différente en pratique clinique. Ces risques n'existent pas et il n'y a que des bénéfices à tirer de cette approche.

L'ÉNERGIE PSYCHIQUE

Le modèle spatial de l'appareil psychique laisse déjà entrevoir que des forces interviennent dans son fonctionnement puisqu'il a été question de résistance, de refoulement, de charge affective de l'inconscient. Ce jeu de forces nécessite une énergie. Freud l'a toujours soutenu mais sa pensée a évolué. Il a proposé diverses théorisations qui ont abouti en 1920 à une sorte de synthèse. Il appelle métapsychologie cette théorie générale de la psychologie qu'il propose. Il envisage le fonctionnement psychique selon trois points de vue : topique, économique, dynamique.

Les trois pôles, le ça, le moi et le surmoi

Du point de vue topique, il complète son modèle inconscient-préconscient-conscient (sa première topique) par la notion d'« instances » et il en décrit trois : le ça, le moi et le surmoi. Ce ne sont plus des « lieux » mais plutôt des « pôles ». Le ça est le pôle pulsionnel, le surmoi se comporte comme le représentant des prescriptions et des interdits parentaux qu'il a intériorisés, le moi est une sorte de centre d'initiative gérant la personne entre les pressions du ça et du surmoi et la nécessaire adaptation à la réalité. Cette nouvelle topique (on l'appelle la deuxième topique) ne supprime pas la première, elle la complète. Selon les processus qu'on étudie on a avantage à utiliser l'une ou l'autre.

L'énergie vient des *pulsions*

Le point de vue économique va concerner l'énergie qui fait fonctionner l'appareil psychique. Cette énergie vient des pulsions. Freud utilisait le terme *Trieb* qui a longtemps été traduit par « instinct », mais « pulsion » convient mieux car instinct concerne un comportement fixé alors que pulsion a, comme *Trieb*, le sens d'une poussée qui peut ne pas avoir de but précis. Pour comprendre ce concept, il faut partir du constat que si l'homme agit, ce n'est pas seulement en réaction à des stimulations, c'est aussi sous l'impulsion de forces internes. Dès la naissance, il a des activités spontanées qui sont provoquées par des besoins et des désirs.

Pulsion est un concept limite entre le psychique et le somatique. Freud pensait qu'il devait y avoir des mécanismes biologiques sous-jacents aux pulsions. À son époque, on ne connaissait pas les hormones, mais il prévoyait qu'un jour on découvrirait des mécanismes chimiques. Toutefois ce fonctionnement ne lui paraissait pas pouvoir être exclusivement biologique. Il pensait qu'il y avait aussi des forces psychiques. En proposant le terme de pulsion, il laissait ouverte la recherche sur la nature et la part respective de ces deux systèmes de forces. Il posait seulement le principe qu'il fallait concevoir la participation des deux.

Combien y a-t-il de pulsions ? Il a toujours soutenu qu'il y en avait plusieurs, mais que l'une d'elles occupait la première place, c'était la pulsion sexuelle dont il appelait l'énergie : libido. Libido signifie en latin : envie, désir. Cette énergie sexuelle alimente « les pulsions qui ont affaire avec tout ce que l'on peut comprendre sous le nom d'amour » (Freud). Il a proposé successivement trois systèmes pulsionnels.

Au début de ses travaux (1900), il pensait qu'il y avait un nombre illimité de pulsions et il postulait, à côté de la pulsion sexuelle, une pulsion agressive, une pulsion d'emprise se traduisant par le désir de dominer, de posséder, une pulsion grégaire poussant les hommes à se rassembler, une pulsion épistémique provoquant la curiosité intellectuelle, etc.

Entre 1910 et 1920 il parle de deux pulsions : encore la pulsion sexuelle qui provoque l'attrait sexuel, le besoin de se reproduire et d'agir, qui est donc dynamique et qui par là menace l'équilibre interne et fait prendre des risques au sujet, et la pulsion d'autoconservation qui lui permet de se protéger et de s'adapter à la réalité.

Après 1920, il propose encore un modèle avec deux pulsions qui sont différentes : il y a toujours la pulsion sexuelle mais elle fonctionne autrement. C'est toujours elle qui explique l'attrait sexuel et le besoin de procréer, mais elle n'est plus présentée comme dangereuse. Elle est du côté de la vie. Elle entretient tout le dynamisme vivant du sujet. La pulsion de mort lui est opposée. Freud en donne une définition imprécise et en partie contradictoire (nouvel exemple de conception ouverte). Tantôt il parle à son sujet d'une violence, évoquant ce qu'il disait de la pulsion agressive, mais ici la violence est retournée contre le sujet. Tantôt il parle d'une sorte d'aspiration au repos.

On voit qu'autoagression et aspiration au repos sont opposées et contradictoires, mais ont une perspective commune : la mort. C'est un peu comme si Freud nous disait : « Je ne sais pas comment tout cela peut s'articuler, mais je pressens qu'il y a chez l'homme des forces qui le poussent à la mort, il faut continuer la recherche dans ce sens, sans négliger aucune de ces deux hypothèses. »

Que retenir de cette conception complexe et évolutive ? On voit que ce qui est commun à ces trois étapes de sa réflexion c'est :

1 - la place centrale accordée à la pulsion sexuelle,

2 - le refus de considérer qu'elle est la seule pulsion, d'où la proposition systématique d'une pulsion opposée,

3 - l'ouverture vers d'autres forces internes qu'il faut explorer. Quelle que soit la pulsion, il s'agit toujours d'une énergie qui crée une tension et le psychisme tend à se libérer de cette tension en permettant l'écoulement ou l'utilisation de cette énergie. C'est une théorie quantitative.

Les conflits de forces dans le psychisme

Le point de vue dynamique complète le point de vue économique. L'énergie pulsionnelle entraîne des conflits de forces dans le psychisme. Cette situation d'équilibre entre des forces opposées est générale dans la structure psychique. Il n'y a rien de statique dans cette structure et tout peut y être décrit comme une résultante de tensions. Le conflit est constitutif de l'être humain.

Quels que soient les lieux psychiques ou les instances ou les processus, ils ne peuvent être compris que dans une perspective dynamique. C'est le conflit entre les pulsions puisque Freud a toujours opposé à la pulsion sexuelle une pulsion contraire. Ce sont les conflits entre l'inconscient, le préconscient et le conscient, avec la pression opposée du refoulement et du contenu de l'inconscient qui veut faire irruption dans le conscient et qui n'y parvient que sous la forme de rejetons qui sont des formations de compromis. Ce sont les conflits entre les instances psychiques, le ça cherchant à promouvoir le pulsionnel, le surmoi imposant ses interdits, le moi tentant de trouver le compromis qui lui permettra la meilleure adaptation à la réalité. C'est le conflit œdipien dont nous allons parler. Ces conflits profonds sont en général méconnus par la conscience. Elle n'en perçoit que le résultat. C'est particulièrement évident pour les symptômes névrotiques, la complexité des mécanismes qui les sous-tendent n'étant pas apparente.

Cette notion de conflit intrapsychique vaut cependant aussi pour des processus conscients. Tout sujet ressent en lui des tendances contradictoires, entre des désirs et des exigences morales ou entre des affects opposés. Il peut être attaché à une personne et mal supporter son caractère, aimer ses enfants et regretter leurs incartades. Tout lien interhumain est complexe, parfois ambivalent et même ambigu. À tout moment l'être humain est confronté à l'opposition entre le principe de plaisir et le principe de réalité dont nous allons parler.

Ces conflits sont consommateurs d'énergie. Les forces se neutralisent mutuellement. La différence entre la pathologie et la santé mentale tient beaucoup à ce degré de perte d'énergie. La santé mentale n'est pas l'absence de conflits, elle ne peut les éviter, mais elle correspond à un équilibre satisfaisant et à des compromis qui ne sont pas trop coûteux en énergie. La créativité et l'élan vital en dépendent. Il y a pathologie quand ces conflits mobilisent l'essentiel de l'énergie et appauvrissent la vie psychique.

PLAISIRS D'EXCITATION ET D'ABAISSEMENT DE TENSION

La notion de deux types de plaisirs est essentielle pour notre propos. Elle n'a rien d'original. Déjà les penseurs grecs considéraient que le plaisir pouvait être lié soit à une réduction de tension soit à une certaine stimulation. Cela est communément admis aujourd'hui. S'il y a des tensions désagréables, il y en a aussi d'agréables. Il y a des plaisirs par diminution d'un désagrément et des plaisirs liés à une excitation.

Mais cette notion n'est pas clairement utilisée par Freud. Il attachait surtout de l'importance à l'opposition entre le principe de plaisir et le principe de réalité. L'être humain tend à faire ou à penser ce qui lui apporte le plus de plaisir, mais il est aussi capable de différer ce plaisir si cela lui apparaît nécessaire pour atteindre un autre but (il sait s'adapter à la réalité). Quand il a donné une définition du plaisir, il l'a toujours limité à un mécanisme d'abaissement de tension, considérant que toute tension devait être désagréable.

Il ne lui avait pourtant pas échappé qu'il existait des tensions agréables. Dans les *Trois Essais sur la théorie de la sexualité,* il évoque l'excitation comme source de plaisir : « Le but sexuel de la pulsion chez l'enfant, écrit-il, consiste dans la satisfaction obtenue par l'excitation appropriée de telle ou telle zone érogène. » À propos de l'oralité, il note que la tétée apaise certes la faim, mais entraîne aussi une « excitation causée par l'afflux du lait chaud » qui provoque du plaisir, il note que le suçotement est une source de plaisir alors qu'il n'entraîne pas comme la nourriture une diminution de la faim. Il parle même de la volupté de sucer qui peut amener une espèce d'orgasme. À propos de l'analité, il évoque à peine l'apaisement provoqué par l'expulsion des matières fécales et parle surtout d'excitation érogène due à la rétention des matières fécales et à l'excitation de la muqueuse du sphincter anal par le passage des fèces. Il parle aussi de l'excitation des zones génitales lors de la miction, de l'écoulement des sécrétions, des soins du corps, de la masturbation. Toutes ces notations auraient dû naturellement le conduire à parler de façon explicite d'un plaisir de stimulation, mais il ne l'a pas fait. Il a envisagé une différence qualitative : « Peut-être est-ce le rythme, l'écoulement temporel dans les modifications, augmentations et diminutions de la qualité de stimulus ; nous ne le savons pas » (*Le Problème économique du masochisme*), puis finalement il a écarté le problème en disant qu'il usait des termes *excitation sexuelle* et *satisfaction* sans faire entre eux de différence.

Freud, malgré son génie, ne peut avoir tout dit et on est en droit de prolonger sa pensée et de compléter sa théorie. L'utilisation de la différence entre les deux types de plaisir nous sera d'une grande aide lorsque nous analyserons ses conceptions du développement affectif et des troubles psychiques.

Notre expérience quotidienne nous fait identifier ces deux types de plaisir. Si nous avons soif et que nous buvons ou si nous sommes inquiets pour la vie d'un être cher et que nous apprenons qu'il est sauvé, nous sentons combien la fin d'un déplaisir peut être agréable. Lorsque nous sommes transportés par un beau spectacle ou lorsque nous apprécions une caresse ou un compliment, nous ne doutons pas que c'est bien d'une stimulation que nous vient ce plaisir. Mais il y a des situations où nous pouvons avoir plus de peine à comprendre d'où vient notre agrément (et c'est une des difficultés qu'a rencontrées Freud). Les deux types de plaisir peuvent se succéder. C'est le cas de l'acte sexuel où le sujet éprouve successivement une excitation grandissante, des plaisirs préliminaires jusqu'à l'acmé de l'orgasme, puis un grand relâchement de tension. Toute la séquence est source de plaisir mais selon deux économies successives. La distinction est encore un peu plus difficile lorsque les deux types de plaisirs sont simultanés et intriqués. Le plaisir de table est exemplaire. Quand on mange d'un bon appétit un mets agréable, on éprouve en même temps un plaisir lié à l'abaissement de la tension de la faim et un plaisir d'excitation dû au goût de l'aliment. Ces deux modalités de plaisir se complètent et s'influencent. La faim fait trouver bon tout aliment. Une bonne odeur éveille l'appétit. À l'opposé, la satiété appauvrit la sensibilité gustative et un mauvais goût coupe l'appétit. Les facteurs en jeu sont physiologiques et psychologiques ; la faim, les stimulations gustatives sont associées à des représentations : images que l'on a de tel ou tel produit, associations à des souvenirs, informations qu'on vous donne, etc. (les menus des restaurants sont rédigés selon une terminologie stimulant la curiosité et la gourmandise). Ces divers stimuli peuvent s'associer ou se contrarier ; si dégustant un mets délicieux nous apprenons qu'il est contaminé, notre plaisir se change en dégoût. Cette intrication des deux mécanismes est une règle assez générale même si elle n'est pas aussi évidente que dans cet exemple. Le soulagement de savoir sauvé celui qu'on croyait perdu, s'associe à l'excitation d'imaginer le futur avec lui. Le plaisir de boire associe les deux processus. Le bonheur d'un succès associe le soulagement de la fin des efforts et le bénéfice de la récompense.

Le premier type de plaisir (par apaisement) est lié à l'autodéfense du sujet. Il accompagne la satisfaction des besoins. Il est l'indice que les processus physiologiques de maintien de la vie et de maintien de l'homéostasie fonctionnent bien. Dans le domaine psychique, il est l'indice que les dangers sont écartés. À l'opposé, le plaisir d'excitation est sans rapport avec la survie ou la santé. Sa recherche peut même faire courir des risques. Pour utiliser la terminologie freudienne, on peut dire que le premier est une manifestation de la pulsion d'autoconservation et le second une manifestation de la pulsion libidinale.

Nous verrons, à propos du développement affectif, combien cette prise en compte de deux types de plaisir, l'un lié à un abaissement de tension et l'autre à une élévation, est éclairante.

LE DÉVELOPPEMENT AFFECTIF

Tout le monde connaît la conception freudienne de l'évolution affective de l'enfant selon des stades : stade oral, stade sadique-anal, stade génital ou œdipien. C'est la pulsion libidinale qui est le moteur de cette progression. Freud parlait d'ailleurs de développement libidinal. Son aboutissement est non seulement la maturité sexuelle mais aussi l'organisation de la personnalité.

La prise en compte des deux types de plaisir que nous venons d'examiner est très éclairante pour la compréhension de cette évolution car le plaisir qui est le moteur de cette maturation n'est pas le plaisir d'abaissement de tension mais uniquement celui d'excitation. Les expériences de plaisir que fait l'enfant appartiennent à ces deux registres. Il y a des plaisirs d'abaissement de tension (comme la faim calmée par le biberon) qui sont liés à la satisfaction d'un besoin physiologique. Et il y a les plaisirs d'excitation (les stimulations olfactives, gustatives, auditives, corporelles) qui sont indépendants des processus physiologiques. On peut dire que les premiers correspondent à la satisfaction de la pulsion d'autoconservation et les seconds à la satisfaction de la pulsion libidinale (ou sexuelle). Au cours des divers stades, l'enfant éprouve des plaisirs liés à la satisfaction de besoins physiologiques, mais ce ne sont pas ces expériences d'apaisement qui sont le moteur de l'évolution libidinale. Ce sont les plaisirs d'excitation éprouvés à l'occasion de ces expériences qui en sont le vrai moteur. Le plaisir libidinal s'« étaie » sur les satisfactions physiologiques, puisqu'il se produit au moment où celles-ci se réalisent, mais il est de nature différente. Et l'évolution affective dépendra de lui et de lui seul.

Les plaisirs archaïques

À chacun des stades évolutifs l'enfant est soumis à des stimulations (ou les provoque) qui sont sources de plaisir.

Le stade oral

La première situation où une telle expérience a lieu est celle de l'allaitement. Lorsqu'il tète, il éprouve les deux types de plaisir : une baisse de tension par suppression de la faim et des plaisirs d'excitation subtils : le goût du lait, sa chaleur, l'odeur de sa mère, la voix de sa mère, ses caresses. On peut remarquer :

1 - que la zone du corps source de ce plaisir est la bouche, d'où le nom de stade oral,

2 - que ce plaisir libidinal s'étaie sur une fonction physiologique (il se produit en même temps que le plaisir d'apaisement de la faim et de la soif), mais qu'il en est indépendant,

3 - que ce qui est la première expérience libidinale (et donc érotique) ce n'est pas l'apaisement de la faim, mais les plaisirs provoqués par des stimulations et

4 - que l'enfant a envie d'avoir encore plus de plaisir que ce que lui procure l'alimentation. En suçant son pouce, il se provoque de nouvelles excitations qui sont, elles, indépendantes du plaisir d'abaissement de tension. C'est un phénomène autoérotique.

Le stade sadique-anal

Au cours de la deuxième année, l'enfant passe au stade sadique-anal. Il va alors expérimenter d'autres modalités de plaisir libidinal. À cette époque il prend conscience de la défécation et on cherche à l'éduquer pour qu'il devienne propre. Si on compare le fonctionnement à ce stade avec celui du stade précédent on note :

1 - qu'il y a un changement de zone corporelle, ce qui justifie le nom de stade anal,

2 - qu'il y a là aussi un besoin physiologique qui sert d'étayage,

3 - que les mécanismes d'excitation deviennent plus nombreux et plus complexes. La stimulation peut venir de la défécation ou au contraire de la rétention. Elle peut être psychologique car sa maîtrise de la défécation lui permet de satisfaire le désir de sa mère qu'il soit propre ou de s'y opposer,

4 - que ce fonctionnement peut encore être autoérotique comme au stade précédent, mais qu'il est aussi relationnel. L'enfant a acquis un pouvoir. Il peut s'opposer à sa mère et c'est une source de plaisir. C'est pourquoi Freud a ajouté le qualificatif de sadique à celui d'anal.

Le stade œdipien

Entre 3 et 5 ans, se situe le stade œdipien (ou génital). À cette étape s'amorce la découverte des organes génitaux. En continuant la comparaison avec les stades précédents, on remarque :

1 - un nouveau changement de zone corporelle libidinale, la zone génitale,

2 - que le plaisir d'excitation ne s'étaie plus sur un besoin physiologique,

3 - que les types d'excitation sont plus complexes (il y a amorce de la masturbation qui reste à un stade rudimentaire),

4 - que ce fonctionnement s'associe maintenant à une expérience de la vie relationnelle dense et diverse. Les tensions sont alors si importantes qu'on parle de « crise » œdipienne.

La crise œdipienne

Les conceptions de Freud concernant cette crise œdipienne sont centrées sur deux concepts : celui de *complexe d'Œdipe* et celui de *castration*. Il existe dans la littérature psychanalytique une grande diversité de formulations des conflits de ce stade. Nous en donnerons quelques exemples pour montrer ce que signifie cette diversité.

L'évolution au cours de ce stade peut être décrite selon divers points de vue.

*1. Dans l'*Abrégé de psychanalyse *que Freud a écrit en 1938, un an avant sa mort, et dont on peut penser qu'il voulait y faire la synthèse de ses découvertes, il en donne une description en des termes très proches de la sexualité adulte. Le seul organe qui joue un rôle est le pénis, le problème central est la castration (qui correspond à l'amputation du pénis et non à l'ablation des glandes sexuelles). Aussi les évolutions du garçon et de la fille sont-elles différentes. Le conflit œdipien se déroule en trois étapes.*

Pour le garçon, l'entrée dans l'Œdipe se fait par sa fixation amoureuse sur sa mère pour qui il éprouve des désirs incestueux (coucher avec elle). Celle-ci, consciente que l'excitation sexuelle de son petit garçon se rapporte à elle, lui interdit la masturbation et le menace de le faire punir par le père. De là surgit l'angoisse de castration due à la peur du père et à la constatation du manque de pénis de la femme qui prouve que cette castration est possible. La sortie de l'Œdipe se fait par l'acceptation du renoncement à la mère pour échapper à la castration et par le refoulement des désirs. Ce que ne dit pas Freud, mais sur quoi Lacan a insisté, c'est que s'il a échappé à la castration ce n'est pas seulement parce qu'il s'est soumis, c'est aussi parce que son père n'a pas été aussi cruel qu'il le craignait. Il ne sort pas vainqueur de cet affrontement, mais il n'en sort pas non plus vaincu. Il en sort grâce à la générosité de son père et il garde envers lui ce que Lacan appelle une dette symbolique.

La fille affronte le problème de la castration dès son entrée dans la crise œdipienne. Jusque-là elle se sentait semblable aux garçons. Elle constate qu'elle n'a pas de pénis donc qu'elle est castrée, elle le ressent comme un préjudice qu'elle cherche à compenser par deux types de réactions : agressivité envers la mère, jugée responsable, essai de séduction du père avec le fantasme d'avoir un enfant de lui pour compenser le manque de pénis. Elle sort de l'Œdipe par le refoulement du désir d'enfant du père. Pour elle aussi la sortie de l'Œdipe ne se réduit pas à une soumission, mais comporte la reconnaissance envers le père.

Cette importante crise évolutive a certains effets traumatiques. Freud estime que, même dans les évolutions les plus normales, l'inconscient reste chargé de ces représentations conflictuelles : « Tous les émois pulsionnels, toutes les réactions contradictoires [...], sont retenus dans l'inconscient, toujours prêts à troubler, après la puberté, l'évolution ultérieure du moi. »

Cette conception de la crise œdipienne comme un drame qui ne concerne que la sexualité est restrictive et ne rend pas compte de la totalité de l'évolution psychologique qui s'y produit.

2. La crise peut être envisagée selon d'autres points de vue. Si elle est l'occasion de prendre conscience de la différence des sexes, elle est aussi – et même dans un premier temps – l'occasion de prendre conscience de la différence des générations. Avant même de réaliser la différence de sexe des deux parents, l'enfant se perçoit comme petit et faible face à deux grands et forts. S'il a quelque chose à redouter d'eux, plus encore que la castration, c'est qu'ils ne le laissent pas vivre. C'est une dimension encore plus violente de l'Œdipe[5].

5. Darcourt G., « La face violente de l'Œdipe », *Psa. Univ.*, 15, 58, 1990, p. 17-32.

Et la dette symbolique concerne alors ce respect de sa vie. Selon ce point de vue, la crise comporte deux périodes, la première centrée sur un conflit de générations, la seconde sur un conflit entre sexes.

3. Cette crise peut aussi être comprise dans un sens symbolique. Le référent majeur n'est plus alors un organe : le pénis, mais un signifiant : le phallus, c'est-à-dire un symbole qui a la même valeur pour la fille et pour le garçon et qui représente ce qu'il y a de plus précieux pour le sujet, c'est le symbole de la sécurité, de la puissance, de l'autorité, d'autant plus valorisé qu'il est imprécis et prend un sens absolu. Posséder le phallus c'est avoir le statut d'être humain à part entière. L'angoisse de castration est alors l'angoisse de ne pas avoir ce statut. Il n'y a plus de différence entre la fille et le garçon. Pour les deux le dilemme est, dans le domaine symbolique, avoir droit ou non à ce statut. Va-t-on me le laisser posséder ou m'en dépouiller ? Ici la dette symbolique à la sortie de la crise tient à l'assurance d'avoir le droit de le posséder.

4. Une autre manière de dire les choses est de considérer l'évolution de la perception par l'enfant de sa place dans le groupe familial. Ici aussi la situation est la même dans les deux sexes. L'enfant passe de la certitude d'être le seul objet d'amour pour les deux parents à l'angoisse liée à la découverte que les parents sont chacun l'un pour l'autre des objets d'amour. Ne plus avoir l'exclusivité lui paraît catastrophique, d'où une situation de rivalité qui dépasse la rivalité sexuelle pour concerner le fait d'être aimé. Le rival n'est plus seulement le parent du même sexe mais aussi bien l'un que l'autre. La tentation est la même de détruire le rival (la rivale) ou de le (ou la) séduire pour redevenir seul objet d'amour. La sortie de l'Œdipe se fait par la compréhension que le statut de l'enfant n'est ni d'avoir l'exclusivité de l'amour de chacun de ses parents, ni de n'en rien avoir, mais que l'amour des parents entre eux ne supprime pas celui qu'ils lui portent.

Pour comprendre comment on peut articuler des formulations aussi différentes, il faut considérer qu'il s'agit d'une conception *ouverte*. Les formulations ne s'excluent pas mutuellement. Chacune d'elles éclaire un des aspects de l'Œdipe. Chaque approche permet de mettre en évidence une dimension de ce conflit et explique une de ses conséquences qui sont : 1) la prise de conscience par l'enfant qu'il appartient à un sexe, 2) qu'il n'a pas à craindre l'anéantissement ou la castration par ses parents, 3) qu'il a droit à part entière à un statut de personne, 4) qu'il n'est pas le centre du monde mais un individu au milieu des autres. L'amnésie infantile effacera le souvenir de cette crise et son déroulement aura été déterminant pour le devenir psychologique du sujet.

Après l'Œdipe

Une crise aussi majeure ne se résout pas toujours de façon satisfaisante et peut être suivie de troubles psychiques. Nous aurons l'occasion, à propos de la genèse des affections mentales, de voir les conséquences psychologiques des perturbations de ce processus évolutif. La suite du développement affectif comporte, selon Freud, une *phase de latence* qui va de la crise œdipienne à la puberté. On parle d'un déclin de l'Œdipe. Sous l'effet du refoulement, une amnésie de cette crise se produit et une sorte de calme s'installe. Tous les conflits ne sont pas résolus mais ils restent latents. Pendant cette période on peut constater une désexualisation des relations avec prévalence des sentiments de pudeur et un vécu affectif moins chargé.

Puis survient la puberté. C'est une période de crise. La poussée pubertaire vient en effet réveiller les conflits œdipiens dont la crise de l'adolescence va constituer le prolongement. Cette situation de crise se manifeste par l'intensité des réactions affectives, l'ambivalence et la variabilité des conduites, la rapidité des changements évolutifs de la structure psychique. Les problèmes sexuels sont au premier plan. Cela en raison de la reviviscence des problèmes œdipiens et de l'asynchronisme du développement de l'espèce humaine, puisque du point de vue physiologique la maturité sexuelle est acquise alors que du point de vue psychologique la maturité affective ne l'est pas encore. Les traits de caractère psychosexuels ne sont pas encore nettement fixés, les signes de virilité et de féminité sont encore ambigus, les orientations sexuelles ne sont pas non plus nettement dessinées. Cet asynchronisme évolutif met l'adolescent dans une situation psychique inconfortable, pleine d'incertitudes et de tendances contradictoires. L'éducation avec ses interdits accentue les conflits psychiques. L'adolescent est aussi à la recherche de son identité. Nous avons vu que la résolution du conflit œdipien comportait l'acquisition d'une certaine identité : la conscience d'être un individu en relation avec d'autres et la conscience de son sexe. Mais cela n'est qu'ébauché. Au cours de l'adolescence cette identité se parachève. La personnalité s'organise. Si l'évolution est favorable, elle gagne en stabilité, en assurance, en maîtrise de ses potentialités. L'adolescent fait son choix de valeurs, il se construit une image de lui-même et de ce qu'il veut devenir. Il acquiert un idéal personnel, il devient capable d'indépendance. Cette évolution ne se fait pas sans à-coups, sans retours en arrière, sans ambivalence, sans illusions et sans déceptions, sans de fortes émotions et sans souffrance. Il est facile de comprendre qu'une période si tourmentée peut être fertile en perturbations psychiques transitoires, peut aggraver des troubles qui avaient commencé dans la petite enfance et en provoquer de nouveaux qui persisteront à l'âge adulte.

L'APPORT DE FREUD À LA CONNAISSANCE DES MALADIES

Selon la psychanalyse, la plupart des affections mentales débutent dans l'enfance. La plupart, mais pas toutes. Nous avons vu que parmi les catégories nosologiques qu'a proposées Freud, la plus intéressante est celle des névroses de transfert. Elles ont pour origine une perturbation au cours du déroulement du développement affectif. Ce mécanisme ne vaut pas pour tous les troubles psychiques, la psychanalyse n'ignore pas l'existence d'autres causes et d'autres mécanismes pathogènes. Le nombre de maladies pour lesquelles cette conception freudienne convient est néanmoins assez important. Cette notion de début dans l'enfance pose deux questions : celle de la cause et celle de la genèse qui s'ensuit.

Les expériences de la petite enfance, causes des troubles psychiques

Freud explique les troubles psychiques par des traumatismes psychiques précoces. Ces traumatismes peuvent être dus à une agression et Freud parle alors d'une énergie qui pénètre par effraction dans le psychisme et qui crée une tension à laquelle le moi doit faire face. Ils peuvent aussi avoir une origine interne si le sujet ressent un afflux d'excitation venant de lui-même (donc des pulsions) qui dépasse ses capacités de maîtrise et d'élaboration. Il a longtemps attribué beaucoup d'importance à la séduction de l'enfant par un adulte. Le traumatisme peut alors, selon les cas, être dû à l'agression ou au contraire à l'excitation psychique que cette séduction provoque chez l'enfant et qui submerge ses capacités d'élaboration. La séduction peut ainsi être comprise comme un traumatisme d'origine externe ou interne. Puis il s'est rendu compte qu'il n'était pas possible que tant de sujets aient été ainsi séduits par des adultes et que les souvenirs que ses patients pensaient retrouver étaient peut-être imaginaires. Par ailleurs, la sensibilité au traumatisme étant variable d'un cas à l'autre il fallait envisager une prédisposition qui expliquait à la fois le degré de vulnérabilité et la possibilité de création spontanée de fantasmes de séduction.

Les conditions de la pratique psychiatrique ne rendent pas possible le retour des souvenirs de traumatismes comme cela se passe au cours des cures psychanalytiques, mais cette notion permet de comprendre les modèles psychogénétiques des maladies psychiques.

La fixation et la régression dans la genèse des troubles

La notion majeure est qu'un traumatisme provoque une fixation au stade où il se produit. Cela signifie que la modalité de fonctionnement affectif de ce stade, et notamment ses modalités de jouissance érotique, ne peut être dépassée et reste sous forme archaïque au-delà de l'enfance et jusqu'à l'âge adulte. Cette notion de fixation est à compléter par celle de régression. Il s'agit d'une notion aux applications très générales. Pour la psychanalyse, les fixations se font aux stades classiques : oral, anal, génital, et la régression est un retour à ce type de fonctionnement affectif. Ce mécanisme est comparable à celui de constatation courante à propos de « fixations » à des fonctionnements banals. Tout sujet a des modes de réaction privilégiés. S'il en reste prisonnier, sa personnalité devient pauvre et rigide, s'il parvient à les dépasser son caractère devient plus nuancé et plus souple et par là plus adapté, mais, en cas de frustration, il a tendance à revenir à son fonctionnement préférentiel toujours plus primitif. Deux partenaires, qui négocient en faisant assaut d'arguments pertinents et d'efforts de séduction, peuvent en cas d'échec se mettre en colère, c'est-à-dire régresser à un comportement plus élémentaire et plus facile à adopter car il évite les efforts de contrôle. Il en est de même en psychopathologie. Une fixation correspond à un mode de fonctionnement ancien et plus en phase avec les penchants profonds du sujet. Elle peut ne pas être apparente et le sujet peut sembler l'avoir dépassée, mais elle reste une zone d'appel en cas de régression. Tout le monde ne régresse pas de la même façon, chacun retourne à ses zones de fixation. Il y a les régressions légères ou transitoires et il y a les régressions pathologiques. Celles qui vont nous intéresser concerneront des fixations très archaïques et des régressions telles qu'elles entraînent de vraies maladies.

La fixation à un stade archaïque du développement peut conduire soit à une perversion soit à une névrose, selon que les modalités de fonctionnement propres à ce stade persistent inchangées ou qu'elles sont transformées par l'intervention du surmoi. Freud a une formule éclairante, il dit : « La névrose est le négatif de la perversion. » Il veut signifier par là que, si le fonctionnement archaïque se maintient chez l'adulte (ou réapparaît à la suite d'une régression), il correspondra à une perversion et que, si le surmoi intervient alors pour l'interdire, il se transformera en un fonctionnement opposé, un fonctionnement névrotique. Dans ce cas, la conséquence en sera que ce qui parviendra à la conscience et les comportements seront ceux que cette censure autorise. On est bien dans l'inverse (ou le négatif) de la perversion. Ce modèle est d'une telle simplicité qu'il est réducteur, mais il a des applications de grand intérêt.

Il est particulièrement adapté à la clinique psychiatrique car ces modalités de fonctionnement archaïque se retrouvent dans les symptômes et permettent de les comprendre. Ceux qui ne voudraient pas accepter la notion de fixation, peuvent néanmoins trouver bénéfice à utiliser ces modèles. S'ils ne croient pas que les symptômes correspondent au maintien (ou au retour) de l'économie psychique archaïque, ils ne peuvent pas contester que tout se passe *comme si* cette économie était maintenue. Se référer à ce maintien (ou à la similitude de ce fonctionnement avec un fonctionnement archaïque) éclaire l'analyse sémiologique. Cela permet de comprendre le sens des symptômes et ouvre des possibilités thérapeutiques. Cela permet aussi de classer les maladies psychiques. Chaque modèle devient un diagnostic. Mais on ne peut se cacher qu'aucun cas clinique n'est totalement expliqué par un seul modèle. La réalité humaine est autrement complexe. Il n'y a pas à s'en étonner. Il faut souvent utiliser plusieurs modèles pour cerner une personnalité. C'est une règle générale que les concepts théoriques sont par nature le plus réducteurs possible alors que l'esprit humain est toujours infiniment plus riche. Les concepts ne sont que des outils d'analyse. Ils permettent d'identifier les diverses composantes de chaque cas et d'évaluer l'importance relative de chacune d'entre elles.

Les mécanismes de défense contre le déplaisir

Un autre mécanisme s'ajoute à ce jeu de fixation-régression et de fonctionnement archaïque corrigé par le surmoi pour comprendre les relations du patient avec son environnement. Il s'agit de l'intervention de mécanismes de défense. Cette notion est particulièrement pertinente en clinique psychiatrique. Elle est essentielle pour la construction des modèles psychopathologiques et très utile pour comprendre les relations du patient avec son environnement. La définition paraît aller de soi : ce sont des mécanismes que le psychisme met en jeu pour se défendre mais cette définition ne suffit pas. Quelle est l'instance qui a la capacité de les mettre en jeu ? Et pour se défendre contre quoi ? La réponse à la première question est simple, c'est le moi qui les met en jeu, cela fait partie de sa fonction d'arbitre entre les poussées opposées du ça et du surmoi et c'est lui qui ressent les tensions déplaisantes qui en résultent (on voit que c'est la deuxième topique qui convient le mieux pour modéliser ce mécanisme). Mais la réponse à la seconde question est plus délicate qu'il n'y paraît. De quoi se défend-il ? Ce n'est pas d'une « maladie » (il ne sait pas ce qu'est une maladie), mais du malaise qu'elle lui procure : angoisse, frustration, souffrance ou culpabilité. Et les instruments dont il dispose pour atténuer ou supprimer ce malaise sont les mécanismes de défense. Il serait donc plus clair de spécifier cet objectif dans leur dénomination et de les appeler *mécanismes de défense contre le déplaisir.*

Le moi a donc la possibilité de se protéger par une cuirasse, mais cela a un coût. Cette cuirasse va l'ankyloser. Les mécanismes de défense ne sont pas des protecteurs de la santé mentale. Ils apportent un confort, mais entraînent aussi des blocages du fonctionnement psychique, blocages qui ont eux-mêmes des effets pathologiques. Chaque fois que le moi a deux options possibles, il choisit celle qui est la moins désagréable et ce n'est pas toujours la plus épanouissante. Le refoulement écarte les représentations intolérables, ce qui est un avantage, mais, en même temps, il consomme de l'énergie psychique et interdit le jeu des fantasmes, ce qui aboutit à un appauvrissement.

On voit que les mécanismes de défense sont une variété de processus pathologiques. Leur dénomination donne une fausse impression de protection envers la pathologie alors qu'ils ne protègent que du déplaisir et que le prix à payer pour ce confort est souvent une aggravation des perturbations fonctionnelles.

Ils n'ont pas tous la même importance. La *régression* en est le premier exemple, elle se produit pour échapper à une situation désagréable et elle crée la pathologie. Le *refoulement* est le plus central. Il constitue l'inconscient et nous l'avons déjà défini à propos des deux topiques. Il est le plus central car il est présent dans toutes les opérations psychiques. Les autres mécanismes ne jouent qu'un rôle complémentaire, ils interviennent lorsqu'il est lui-même débordé. Nous avons vu qu'il chasse de la conscience les représentations qui sont intolérables car interdites par le surmoi. Il est une défense contre la culpabilité. Mais il n'est pas tout-puissant. Ce qu'il a refoulé fait pression pour revenir à la conscience. Il y a une partie de bras de fer permanente entre le contenu inconscient à forte charge énergétique et la vigilante censure du refoulement. Parfois la pression du refoulé est telle qu'elle franchit la barrière. Le moi risque alors de retrouver des choses intolérables, mais il dispose de mécanismes de défense complémentaires. Ceux-ci laissent passer ces représentations impossibles à contenir en les déformant pour les rendre tolérables pour le moi.

Plusieurs mécanismes ont été décrits et plusieurs terminologies ont été utilisées pour les désigner. On parle de *formations de compromis* ou de *formations réactionnelles* pour signifier qu'elles portent la marque des deux mécanismes, le retour du refoulé et le camouflage par la défense. Ce camouflage se fait de différentes façons. Il y a l'*inversion ou renversement en son contraire* ; par exemple dans la névrose obsessionnelle la coprophilie est transformée en un attrait pour la propreté, le sadisme par la peur de nuire. Il y a le *déplacement* de l'affect lié à la représentation sur une autre représentation plus anodine, par exemple le plaisir de rétention anale est déplacé sur l'argent ou la collection d'objets. Il y a l'*isolation* que Freud définissait comme la « séparation de la représentation insupportable et de son affect » (*Les Psychonévroses de défense*, 1894) ; l'affect désagréable est lié à une autre représentation. On peut en rapprocher l'*annulation rétroactive* par laquelle le sujet fait comme si, de façon magique, un événement passé n'avait pas eu lieu.

Un autre groupe de mécanismes de défense comporte des moyens pour rejeter des représentations ou au contraire se les approprier. Par la *projection* le sujet peut situer à l'extérieur de lui des représentations, des désirs, des sentiments qu'il ne veut pas assumer ; par exemple dans la paranoïa il attribue à l'autre les sentiments hostiles – ou au contraire amoureux – qu'il éprouve mais qu'il ne veut pas reconnaître. Il faut remarquer qu'il ne s'agit pas d'une simple expulsion comme ce serait le cas si le sujet, après s'être débarrassé de sa représentation intolérable, l'oubliait. Le sujet, en l'attribuant à l'autre, peut l'en accuser et garder le contact avec cette représentation (qu'il chérit inconsciemment) ; c'est en somme une projection-exposition. L'opposé est l'*introjection* par laquelle le sujet s'attribue une représentation, un désir, un sentiment. On parle parfois d'*incorporation* ou d'*identification* ; par exemple dans le deuil pathologique le sujet s'identifie au disparu et dirige sur lui-même les reproches qui étaient destinés à l'autre.

Une place à part doit être faite au *clivage* car les successeurs de Freud ont infléchi sa conception. Pour Freud il y a deux clivages possibles : dans la psychose, le sujet est confronté à deux représentations inconciliables, la réalité et sa conviction délirante ; dans le fétichisme il y a aussi deux représentations inconciliables, celle que la femme a un phallus et celle qu'elle n'en a pas ; dans les deux cas le sujet *clive* les deux représentations, c'est-à-dire ne les confronte pas et les conserve indépendantes l'une de l'autre. Après Freud ce concept a vu son champ s'élargir ; Melanie Klein a décrit le clivage de l'objet en un *bon* et un *mauvais* objet, des auteurs qui ont étudié les états limites ont envisagé un clivage pulsionnel (Kernberg, Bergeret). Nous aurons l'occasion d'en reparler.

La *sublimation* enfin correspond au déplacement de l'énergie pulsionnelle sur des objets ou des activités à haute valeur morale ou culturelle : les arts, la science, l'humanitaire.

Ce concept de mécanisme de défense constitue un outil conceptuel particulièrement utile dans notre démarche pour deux raisons. Il est nécessaire pour la compréhension des modèles psychopathologiques car ce qui différencie la psychogenèse des diverses affections psychiques c'est la nature des mécanismes de défense que le moi a mis en jeu pour lutter contre le déplaisir. Chaque pathologie a son style de défense. La seconde raison est que leur interprétation est souvent aisée sans besoin d'une exploration profonde de la personnalité. Le processus est en effet souvent préconscient. Prenons l'exemple de la projection : en dehors de la paranoïa où elle est massive et délirante, elle est courante dans de multiples situations conflictuelles, les protagonistes s'attribuant réciproquement la responsabilité des difficultés, et il n'est pas très difficile de mettre au jour que chacun a tendance à rejeter sur l'autre ce qui vient de lui. Souvent aussi le mécanisme défensif est repérable même si on ne voit pas clairement les fantasmes qui sont concernés, ainsi un souci disproportionné de ne rien faire d'agressif est un indice de défense contre une pulsion agressive. Il faut certes veiller à une certaine prudence et donner à ces interprétations une valeur d'hypothèse à confirmer et non de certitude pour ne pas tomber dans le travers d'une psychanalyse sauvage mais, avec cette réserve, ce sont là des outils d'analyse à la portée de tout praticien.

CHAPITRE 3

Que sont devenues les névroses ?

L'abandon par les classifications internationales de la notion de névrose a été l'événement le plus emblématique de la révolution nosologique qu'elles déclenchaient. Cela n'empêchait pas les patients pour lesquels on portait ce diagnostic d'exister. Il fallait dorénavant les appeler autrement et les classer dans de nouvelles catégories. Est-ce satisfaisant pour les deux points de vue qui nous importent : pour classer les maladies ? Pour comprendre et traiter les patients ?

On ne peut que faire des réserves sur ces deux points.

LES PEURS NE SONT PAS TOUTES DES PHOBIES

Si vous rencontrez quelqu'un qui a peur des animaux ou peur de se montrer en public ou peur des grands espaces vides, vous direz qu'il est phobique et les classifications internationales vous donneront raison. Elles porteraient la même appréciation que vous puisque leurs critères de définition de la phobie sont (autant la CIM-10 que le DSM IV) : 1) l'existence d'un objet (ou d'une situation) spécifique 2) dont la présence (ou même l'évocation) déclenche une intense anxiété 3) que le sujet reconnaît être disproportionnée ou irrationnelle, 4) anxiété dont il se protège en évitant cet objet ou cette situation (ou en se faisant protéger par quelqu'un). Ces quatre critères sont présents dans les trois exemples ci-dessus. Ces classifications vous diront même que vous avez rencontré les trois catégories de phobies qu'elles reconnaissent : l'agoraphobie (la peur des grands espaces), la phobie sociale (peur de rencontrer d'autres personnes) et une phobie spécifique, c'est-à-dire concernant un objet précis (ici les animaux).

Voilà l'outil de classification avec lequel il est conseillé à tous les psychiatres et psychologues du monde de travailler.

Et si ce comportement pouvait relever de causes différentes ? Si ces craintes disproportionnées pouvaient être dues à des raisons variables ? Avec la méthode de diagnostic utilisée on ne peut le savoir puisqu'on n'interroge pas le sujet. Certes, après avoir constaté son refus de sortir ou d'approcher des animaux, on vérifie qu'il sait que ses craintes sont excessives et qu'il ne peut s'empêcher de les avoir, mais on ne va pas plus loin puisqu'on doit rester « objectif » !

Or, et c'est le fond du problème, des comportements de même type peuvent ne pas être dus à des mécanismes phobiques, mais à des mécanismes obsessionnels. On pourrait penser que pour le savoir il suffit de vérifier s'ils remplissent ou non les critères de troubles obsessionnels. Or cette vérification est décevante. Ces critères sont en effet, pour la CIM-10 comme pour le DSM IV : 1) des pensées ou des impulsions 2) qui s'imposent au sujet 3) qu'il reconnaît provenir de sa propre activité mentale et ne pas lui être imposées de l'extérieur 4) contre lesquelles il lutte mais sans pouvoir les chasser. Les sujets dont nous venons de parler ne diront pas qu'ils ont des « pensées » ni des « impulsions », mais des « craintes ». Et aucun psychiatre « moderne » ne portera un autre diagnostic que celui de phobie.

Et pourtant certains comportements de ce type sont bien d'origine obsessionnelle et leur traitement ne sera pas celui des authentiques phobies. Il serait regrettable de ne pas les identifier. Si on ne les repère pas c'est parce qu'on n'a pas le critère pour le faire. Or ce critère a bien été trouvé. Freud l'a proposé, il y a longtemps, mais la psychiatrie ne s'en est pas saisie. Il ne s'agit pas d'un critère inconscient mais simplement préconscient.

Il ne faut pas le chercher dans ses œuvres célèbres sur le traitement des phobies, comme son analyse de la phobie des chevaux d'un garçon de 5 ans *Le Petit Hans* (1909) ou son analyse de la phobie de l'eau d'Anna O. dans ses *Études sur l'hystérie* (1895). Dans ces cas le diagnostic est déjà porté et ces textes concernent le traitement. Leur étude est précieuse pour les psychanalystes, elle n'a pas le même intérêt pour le clinicien.

C'est dans un texte plus mineur qu'on trouve des notions précieuses pour classer et comprendre les variétés de peurs pathologiques. Il s'agit d'un court article publié en français dans la *Revue neurologique*, en 1895, intitulé « Obsessions et phobies, leur mécanisme psychique et leur étiologie ».

Le danger vient-il de l'intérieur ou de l'extérieur ?

Dans cet article, il se propose de distinguer les obsessions et les phobies. Les phobies sont, dit-il, caractérisées par un « état émotif anxieux qui par une sorte d'élection a fait ressortir toutes les idées propres à devenir l'objet d'une phobie ». Il y a donc, à l'origine, l'anxiété. Les phobies font partie de la névrose d'angoisse. Nous y reviendrons. Et les peurs que cette *élection* fait ressortir sont toujours des craintes d'un danger extérieur.

Les obsessions relèvent d'un mécanisme tout différent. Il y a, à leur origine, une *idée inconciliable* qui correspond « à des impressions pénibles de la vie sexuelle de l'individu que celui-ci s'est efforcé d'oublier ». C'est donc une idée liée à un affect désagréable. Cette idée inconciliable est remplacée par une autre idée, mais l'état émotif persiste. Aussi l'idée de substitution, c'est-à-dire l'obsession, est-elle *mal appropriée* à cet état. « C'est cette mésalliance qui rend compte du caractère d'absurdité propre aux obsessions. » Dans les observations cliniques qu'il rapporte, l'*idée inconciliable* a toujours trait à une faute sexuelle : onanisme, désirs voluptueux, infidélité conjugale. L'idée de substitution (l'obsession) ne supprime ni les sentiments de culpabilité ni l'impression de la persistance de la tentation. Elle comporte la conviction d'une responsabilité et la crainte de recommencer. Ainsi ce qui menace le sujet ne se situe pas à l'extérieur de lui, mais à l'intérieur, c'est le risque que cette « tentation » soit si forte qu'il n'arrive pas à la contrôler.

Cette conception comporte deux volets : il y a la cause du trouble (la faute sexuelle qui entraîne l'idée inconciliable) et l'organisation psychique qui en résulte (la peur de quelque chose qu'on a en soi). On peut contester le premier volet. La faute sexuelle peut effectivement être absente et nous verrons à propos des névroses obsessionnelles qu'elles peuvent avoir une origine bien plus précoce. Et d'ailleurs, même si elle existe, elle peut difficilement être reconnue dans les conditions de la pratique clinique. Dans ces conditions on peut se dispenser de se prononcer sur sa réalité. Le second volet peut se suffire à lui-même car quelle que soit la cause, le fait clinique est incontestable. Le sujet redoute un danger qui viendrait de lui-même. Il ne sait pas clairement ce qu'il est mais il se sent responsable et cherche à se contrôler. Le premier volet était de nature inconsciente, le second de nature préconsciente. Le premier relevait d'une interprétation délicate, le second est facile à identifier.

Freud ajoute ainsi à la description classique des phobies et des obsessions un signe majeur : l'opinion qu'a le sujet sur l'origine de sa peur. Et cette notion d'origine externe ou interne est précise et facile à utiliser en clinique. Il suffit d'interroger le patient sur ce point. Il faut en effet le lui demander car il le dit rarement spontanément. Il le sait plus ou moins confusément et sa pensée est tellement bloquée sur l'idée : « C'est mauvais et je dois l'éviter à tout prix », qu'il ne poursuit pas la description de ce qu'il ressent. Toutefois il peut le faire si on le lui demande.

Prenons quelques exemples. Un sujet a peur de sortir de chez lui, cette perspective l'angoisse et il reste cloîtré à son domicile. Selon les critères courants, c'est un phobique. Si, en explorant ce qu'il redoute, on découvre qu'il n'a pas peur d'être agressé, mais qu'il craint de perdre son contrôle et de se livrer à des actes violents ou obscènes, on comprendra que son trouble est de la lignée obsessionnelle. Un sujet a la crainte d'un objet. On dira qu'il a une phobie de cet objet. S'il nous révèle que ce qu'il redoute c'est le mal qu'il pourrait faire avec cet objet, ce n'est plus une phobie mais une obsession. Une malade atteinte d'une *phobie des couteaux* ne pouvait se contenter de les éviter en se tenant à distance, elle redoutait d'avoir l'impulsion de s'en servir et tous les soirs elle confiait à une voisine la boîte qui contenait tous ses couteaux pour être sûre qu'elle ne pourrait pas en disposer. La confusion entre phobie et obsession est particulièrement fréquente lorsque la crainte porte sur les saletés ou les microbes. Si le sujet redoute la saleté parce qu'il a peur d'être souillé ou contaminé (le danger est alors extérieur) il s'agit d'une phobie et s'il la redoute parce qu'il a peur de contaminer les autres (le danger vient alors de lui) il s'agit d'une obsession. Une infirmière redoutait les microbes et se désinfectait les mains très fréquemment, elle semblait avoir une phobie. En fait, ce dont elle avait peur n'était pas d'être contaminée, mais de communiquer à ses malades des microbes si elle en avait attrapé (ses craintes concernaient surtout les femmes enceintes car elle avait peur de provoquer des anomalies du fœtus ou des avortements). C'était un fonctionnement obsessionnel. Freud cite le cas d'une femme, dont il dit : « C'était le cas de Lady Macbeth », qui se lavait les mains cent fois par jour et ne touchait les loquets des portes que du coude. Son comportement avait tous les caractères d'une phobie et pourtant ce n'en était pas une : « Les lavages étaient symboliques et destinés à substituer la pureté physique à la pureté morale qu'elle regrettait d'avoir perdue. Elle se tourmentait de remords pour une infidélité conjugale dont elle avait décidé de chasser le souvenir. » Faisons la même remarque que plus haut : même si on conteste l'interprétation causale de Freud, on ne peut que reconnaître que la préoccupation de cette femme n'était pas de se protéger de la saleté, mais d'être pure, et on aurait tort d'en faire une phobique.

Certains cognitivistes distinguent, parmi les malades qu'ils appellent compulsifs, les *laveurs* et les *vérificateurs*, et quand ils étudient leurs traits de personnalité, ils constatent chez les *laveurs* deux types de personnalité : phobique et obsessionnelle, alors que les *vérificateurs* sont essentiellement obsessionnels. Ils constatent le fait sans l'expliquer, ce qui serait pourtant facile s'ils utilisaient le critère freudien de danger externe ou interne. Les *laveurs* ne constituent pas un groupe homogène car ils rassemblent des sujets qui redoutent une contamination et des obsessionnels qui ont des rituels de lavage comme la Lady Macbeth de Freud ou la crainte de contaminer les autres comme notre infirmière. Le groupe des *vérificateurs* est certes plus homogène, tant la vérification est le lot des obsessionnels, mais on risque néanmoins d'y inclure quelques phobiques. Ainsi une malade vérifiait sans cesse si les fenêtres de son appartement étaient hermétiquement closes ; elle avait été considérée comme obsessionnelle à cause de cette manie de la vérification alors qu'il s'agissait d'une phobique qui redoutait les poussières et les microbes et qui veillait à s'en protéger.

Les résultats d'une étude récente apportent une certaine confirmation de la justesse de la distinction de deux groupes parmi les sujets atteints de tels comportements. Hantouche et coll.[1] ont étudié, par une méthode de questionnaire, une population d'anxieux à qui il était demandé s'ils étaient « préoccupés par des idées » ou « contraints à faire des actes », comme laver, vérifier, ranger, accumuler, compter, peur de faire des actes inconvenants, de provoquer un malheur... Les réponses ont été traitées par analyse factorielle et cette analyse a révélé l'existence de deux facteurs différents pour la propreté et pour la vérification. Les conditions de l'étude ne permettent pas d'aller plus loin, d'identifier chacun de ces facteurs et de les rattacher à une dynamique phobique ou obsessionnelle. Cette étude apporte néanmoins des arguments en faveur de la conception freudienne.

---

1. Hantouche E. G., Angst J., Kochman F. J., Lancrenon S., Deleuze M. P., Allilaire J. F., « Structure factorielle des obsessions-compulsions : résultats dans une population de 3 500 patients dépistés en médecine générale », *Ann. méd. psychol.*, 2002, 160, p. 25-33.

Refuser de prendre en compte la nature des craintes du patient, c'est pousser un peu loin le souci de l'objectivité, c'est se contenter d'une psychopathologie vétérinaire. La recherche de ces craintes n'est même pas une interprétation, elle relève d'une simple écoute attentive.

Les vraies phobies

Nous avons ainsi une définition précise de la phobie. Il suffit d'ajouter aux critères internationaux celui du sentiment que le danger vient de l'extérieur de soi.

La terminologie à utiliser doit indiquer l'objet redouté. Nous avons vu qu'il est devenu classique de distinguer trois groupes principaux de phobies : l'agoraphobie, la phobie sociale, les phobies spécifiques. L'agoraphobie ne désigne pas seulement la peur des grands espaces publics, mais inclut d'autres situations : la foule, les ponts, les espaces fermés (qu'on appelait autrefois claustrophobie), les tunnels, les trains, les avions et, de façon générale, toutes les situations où il pourrait être difficile de s'échapper ou de trouver des secours en cas de danger ou d'angoisse. La phobie sociale concerne toutes les situations où il faut rencontrer d'autres personnes, c'est la forme extrême de la timidité. Les phobies spécifiques concernent toutes les autres situations : phobies des animaux, des orages, de l'eau, du sang, des examens...

Des néologismes ont été inventés dans lesquels le terme phobie est couplé au nom de l'objet redouté : acrophobie (peur des places élevées), zoophobie (peur des animaux), ailurophobie (peur des chats !), anthropophobie (ou phobie sociale), xénophobie (peur des étrangers), panphobie (peur de tout)...

D'autres néologismes sont moins heureux car le terme choisi ne concerne pas l'objet redouté mais sa conséquence. On parle d'*éreutophobie* ou d'*érythrophobie* pour désigner la peur de rougir en public. L'objet phobique n'est pas la rougeur, mais les situations qui peuvent la provoquer, c'est-à-dire la présence d'autres personnes. Il s'agit donc d'une forme de phobie sociale. Il en est de même pour l'*algophobie* ou peur de la douleur. Une phobie pourrait être la difficulté à voir souffrir avec l'évitement de cette situation, mais pas la crainte de souffrir soi-même. Lorsqu'on a peur d'une situation qui peut provoquer une douleur, il est plus adéquat de nommer cette situation : par exemple phobie des piqûres. Le même malentendu existe pour la *nosophobie* qui signifie la peur d'être malade, ce qui n'est pas une phobie. Si la crainte concerne les causes possibles de maladies, il est plus adapté d'expliciter ces causes et de parler de phobie des microbes ou des virus.

Les fausses phobies

Il y a d'abord l'utilisation du terme pour désigner des symptômes qui sont en fait obsessionnels. Il est ainsi habituel d'appeler *obsessions phobiques* des obsessions dans lesquelles le sujet redoute un objet non pas par crainte du danger qu'il représente pour lui, mais parce qu'il a peur de s'en servir pour nuire à d'autres. Nous en avons vu des exemples. Il serait plus satisfaisant, pour éviter la confusion, de les appeler plutôt *obsessions pseudo-phobiques*, mais ce n'est pas admis. Il existe aussi un terme particulièrement ambigu, c'est celui de *phobie d'impulsion*. C'est la crainte d'être soumis à l'impulsion de faire quelque chose. Cela n'a rien à voir avec une phobie, le danger ne vient pas de l'extérieur. Ce terme devrait être banni.

Kraepelin a créé le terme de *dysmorphophobie* pour désigner des préoccupations anormales concernant l'esthétique du corps et, piégés par le nom, beaucoup en font une phobie. Or il n'y a pas un objet extérieur dont on peut se protéger en l'évitant. Il s'agit en fait de la conviction d'être atteint de défauts physiques. Le DSM IV utilise à juste titre la dénomination « peur d'une dysmorphie corporelle » et Jean Tignol « défauts physiques imaginaires[2] ».

On utilise aussi le terme de *phobies atypiques* et, cette fois, c'est à bon escient. Il s'agit de craintes comparables qu'on rencontre dans les psychoses. Elles ressemblent aux phobies car il est question d'objets ou de situations particulièrement redoutés : le sujet n'a pas conscience que sa crainte est excessive et irrationnelle car elle repose sur une conviction délirante.

Terminons par les *phobies* des sujets sains. Nous avons tous des craintes peu rationnelles. Certains ont peur des serpents ou des lézards, d'autres du tonnerre, d'autres des places élevées (le vertige), d'autres de parler en public (la timidité)... La différence avec la pathologie est une question de degré. Le DSM IV et la CIM-10 exigent, pour parler de pathologie, que le trouble « perturbe de façon importante les habitudes de l'individu, ses activités professionnelles et sociales... ou s'accompagne d'un sentiment de souffrance important » et qu'il ait une durée suffisante. On retrouve là leur objectif de sélection. Ils sont sans doute un peu trop exigeants, mais il ne faudrait pas tomber dans le travers opposé et parler trop vite de pathologie. La santé psychique tolère de telles petites faiblesses.

2. Tignol J., *Les Défauts physiques imaginaires. Comprendre et soigner le BDD*, Paris, Odile Jacob, 2006.

LES TOC N'ONT PAS REMPLACÉ LA NÉVROSE OBSESSIONNELLE

S'il est un domaine où l'abandon de la notion de névrose est appauvrissant, c'est bien celui de la névrose obsessionnelle. Ce terme est banni et on ne parle plus maintenant que de troubles obsessionnels-compulsifs et même plutôt de TOC car leur abréviation s'est imposée, même dans le langage grand public. Il n'est pas injustifié d'adopter cette nouvelle terminologie et même de lui reconnaître une utilité, mais il ne faut pas cacher qu'elle comporte un leurre. Ce qu'elle désigne n'est qu'une partie des troubles que regroupait la névrose obsessionnelle. Dans ces conditions que faire des troubles exclus de la catégorie ? Ils existent néanmoins et les praticiens voient arriver des patients qui les présentent. Il leur faut bien les identifier, les nommer et les traiter.

Par ailleurs, des théories récentes ont tenté d'expliquer cette pathologie, mais elles ne sont pas pleinement satisfaisantes.

Nous allons voir que la psychanalyse peut aider à faire face à ces difficultés.

Une obsession n'est plus une faute

Ce trouble est connu depuis longtemps. Les philosophes et les moralistes ont très tôt identifié des conduites de ce type, mais elles étaient interprétées comme des défauts ou des vices plutôt que comme des maladies. Un chapitre du traité des *Caractères ou les Mœurs en ce siècle* de Théophraste, traduit par La Bruyère[3], intitulé « De

3. La Bruyère, *Œuvres complètes*, Paris, Gallimard, « La Pléiade », 1962.

l'épargne sordide », décrit une personnalité obsessionnelle typique. Le *Traité des scrupules* de Duguet[4] au XVIIIe siècle décrivait en termes moraux des obsessions. Ces phénomènes sont considérés comme des troubles psychiques à partir du XIXe siècle. Les psychiatres français les ont décrits en les considérant comme une *folie*, sans les distinguer nettement des psychoses. Les appellations sont multiples : *folies raisonnantes* (Pinel), *délires partiels avec conservation des facultés intellectuelles et de raisonnement* (Esquirol, 1838), *folie du doute* (Falret, 1866), *folie du doute avec délire du toucher* (Legrand du Saulle, 1875). Le terme de névrose apparaît avec Westphal qui, en 1878, en donne une bonne description et l'appelle *névrose de contrainte* (*Zwangneurose*). Janet, dans son ouvrage *Les Obsessions et la psychasthénie* (1903) décrit la personnalité psychasthénique, les idées obsédantes, les compulsions ; pour lui le trouble est dû à un déficit de la *tension psychique*. Enfin Freud l'attribue à une fixation et décrit ses mécanismes de défense. Ainsi progressivement l'accord s'est fait sur l'origine psychique du trouble, sur le fait qu'il comporte à la fois des troubles de la personnalité et des obsessions et enfin qu'il s'agit d'une névrose. Cette conception s'est maintenue jusqu'en 1980.

À partir de cette date, tout cela vole en éclats. Nous l'avons vu, les classifications américaines (DSM III, puis DSM III-R, puis DSM IV) et la classification de l'OMS (CIM-10) suppriment le terme « névrose » de leur nosologie, ce qui a d'abord fait scandale en France puis a été accepté.

---

4. Duguet J.-J., *Traité des scrupules. De leurs causes, de leurs espèces, de leurs suites dangereuses, de leurs remèdes généraux et particuliers*, Paris, Étienne, 1717.

À peu près au même moment de nouvelles théories explicatives des troubles ont été proposées.

Nous allons voir ce qu'on y gagne et ce qu'on y perd, ce qui est satisfaisant et ce qui ne l'est pas.

Les conséquences malheureuses des classifications internationales

Les catégories qu'elles proposent comportent en fait trois innovations : non seulement l'abandon de la référence à la névrose, mais aussi celui de la notion d'unicité de la maladie, en répertoriant séparément les troubles de la personnalité et les symptômes obsessionnels eux-mêmes qui deviennent les TOC (troubles obsessionnels et compulsifs) et enfin l'exigence, pour porter le diagnostic, d'un degré de gravité.

Cette manière de voir n'était pas sans justification et sans intérêt, mais a eu des conséquences malheureuses. L'abandon de la notion de névrose était dû au fait qu'il n'y avait pas parmi les psychiatres américains un consensus sur ce sujet et parce que la classification se voulait athéorique. On en a déduit que la référence psychanalytique n'était plus pertinente. Nous verrons qu'elle l'est encore et qu'elle est compatible avec ces classifications, mais, avant d'en arriver là, voyons d'abord les avantages et les limites de ces classifications.

Nous avons vu qu'elles séparent les troubles de la personnalité et les troubles obsessionnels-compulsifs (TOC).

Les troubles de la personnalité sont appelés par les DSM : *personnalité obsessionnelle-compulsive* et par la CIM-10 : *personnalité anankastique* (du grec *anankè*, nécessité, contrainte), reprenant un terme proposé par Westphal. Ces classifications ont repris les conceptions classiques. La personnalité est dominée par la prépondérance du contrôle mental aux dépens de la souplesse d'esprit et de l'ouverture. Ces sujets sont très attachés à l'ordre, aux règles, aux inventaires, à l'organisation, aux détails. Ils sont méticuleux et perfectionnistes. Ils ont un souci de productivité et une dévotion pour le travail. Tous ces traits, qui pourraient être considérés comme des qualités, et qui le sont lorsqu'ils sont d'intensité modérée, sont pathologiques dans la mesure où ils sont excessifs et se manifestent au détriment de perspectives plus larges. Le perfectionnisme va jusqu'à la perte de vue de l'objectif de l'activité, le souci de productivité jusqu'à la négligence de l'utilité de la production. Ces personnes sont en permanence assaillies par des doutes et des scrupules. Elles n'en sont que plus consciencieuses, mais cet excès entrave leur activité et les conduit à une prudence inappropriée et à constamment revenir en arrière pour se corriger ou se justifier. Parfois le sujet ne sait pas pourquoi il doute ; le plus souvent il est conscient que c'est de lui-même qu'il se méfie, il redoute d'être dans l'erreur et ainsi de nuire à autrui. Cela entraîne rigidité et entêtement et retentit sur les relations avec les autres. Il est difficile à ces personnes de travailler en équipe. Elles ont besoin que les autres se conforment à leurs propres principes, d'où leur attitude exigeante et leur difficulté à déléguer des tâches. Elles ont besoin de retenir et d'accumuler, d'abord l'argent qu'elles thésaurisent, puis tout autre objet, d'où la difficulté à jeter des objets usés ou inutiles et la tendance au collectionnisme et à l'accumulation. Cela entraîne une froideur affective que, curieusement, ces classifications ne signalent pas. Elles manifestent peu d'émotion et sont incapables d'empathie et d'échanges affectifs chaleureux. Leur sexualité pâtit aussi de cette froideur, elle est pauvre et peu satisfaisante. Elles ne se considèrent pas toujours comme malades. Elles arrivent souvent à rationaliser et à justifier leurs conduites et sont peu enclines à consulter et à demander de l'aide.

On ne peut porter ce diagnostic que si les troubles sont très marqués. Pour le DSM : « Ce mode durable entraîne une souffrance cliniquement significative ou une altération du fonctionnement social, professionnel ou dans d'autres domaines. » Pour la CIM-10, « ce trouble est à l'origine d'une souffrance personnelle considérable [...] et il est habituellement, mais pas toujours, associé à une dégradation du fonctionnement professionnel et social ».

Les troubles obsessionnels-compulsifs (TOC) sont définis par les classifications internationales à l'aide de critères comparables à ceux des traités psychiatriques classiques auxquels s'ajoutent des critères quantitatifs. On distingue les obsessions (du latin *obsidere*, assiéger) et les compulsions.

Les obsessions sont faites d'idées, de représentations ou d'impulsions qui s'imposent à l'esprit, qui sont ressenties comme intrusives et inappropriées, ce qui entraîne anxiété ou détresse. Le sujet est conscient de leur caractère pathologique. Il reconnaît qu'elles proviennent de sa propre activité mentale et qu'elles ne lui sont pas imposées de l'extérieur comme dans les hallucinations psychiques. Il lutte pour les écarter ou les ignorer, mais ne peut s'en libérer. Même s'il ressent des impulsions il ne passe pas à l'acte.

Les compulsions sont en revanche des actes répétitifs que le sujet ne peut s'empêcher d'exécuter. Ces comportements sont destinés à prévenir un danger ou une situation redoutée. Si le sujet ne fait pas cet acte, il ressent une angoisse.

Pour retenir le diagnostic, il faut que les troubles aient un certain degré de gravité. Pour le DSM, il n'y a TOC que si « les obsessions et les compulsions sont à l'origine de sentiments marqués de détresse, d'une perte de temps considérable (prenant plus d'une heure par jour) ou interfèrent de façon significative avec les activités habituelles du sujet, son fonctionnement professionnel (ou scolaire) ou ses activités ou relations sociales habituelles ». Pour la CIM-10, les TOC sont « à l'origine de sentiments de détresse ou interfèrent avec les activités habituelles du sujet ».

La première insatisfaction que provoquent ces classifications vient du fait qu'elles sont très restrictives. Pour les troubles de la personnalité comme pour les TOC on ne peut retenir le diagnostic qu'à partir d'un certain degré de gravité. Le trouble de la personnalité doit entraîner une souffrance (significative ou considérable) et des altérations du fonctionnement social, le TOC doit être à l'origine de détresse et perturber les activités habituelles. Les manifestations moins graves ne trouvent de place dans aucune des catégories. Celles-ci ne leur reconnaissent pas le statut de troubles. Et pourtant il s'agit bien d'une pathologie retentissant sur la vie des patients. Ils s'en plaignent et ont besoin de soins. Ces cas sont très nombreux et les praticiens en voient beaucoup. Cette restriction n'est pas pour étonner quand on se souvient que l'objectif de ces classifications est la sélection de cas indiscutables. Il ne faut donc pas le leur reprocher, seulement relever l'erreur de les utiliser comme si elles étaient une méthode de diagnostic et de dénombrement. Or cette erreur est couramment faite.

Un deuxième motif d'insatisfaction est le fait que les cas sélectionnés ne sont pas obligatoirement représentatifs de la maladie. S'ils l'étaient, on pourrait s'en accommoder en considérant que ces classifications sélectionnent les cas graves permettant à la recherche de disposer de données d'observation incontestables et que les résultats de cette recherche seront applicables aux cas plus modérés. Mais est-ce scientifiquement valable ? Rien ne prouve que les cas les plus graves soient les plus caractéristiques. Les formes légères peuvent avoir des caractéristiques différentes. Prenons un exemple dans la pathologie somatique. Les cancers localisés et les cancers métastasés font partie de la même maladie. Utiliser pour leur diagnostic un critère de gravité conduirait à ne retenir comme cancers que les formes métastasées, à n'étudier que celles-ci et à appliquer aux cancers localisés les mêmes soins qu'aux cancers métastasés. Ce qui serait une erreur. De même, on ne peut pas inférer que tout ce qui vaut pour les formes graves de névroses obsessionnelles vaut pour les formes plus légères. Elles peuvent avoir des propriétés différentes. Elles pourraient même être de nature différente. Elles justifient des études spécifiques et pour cela elles doivent être répertoriées.

Un troisième motif d'insatisfaction réside dans la séparation entre trouble de la personnalité et TOC. Il n'y a pas en effet de solution de continuité entre les manifestations des deux syndromes. La *folie du doute*, décrite par les anciens auteurs, qui associe le *délire du toucher* de Legrand du Saulle, avec ses compulsions aux lavages, et des ruminations à propos de toute idée et de tout acte, est-elle un TOC ou un trouble de la personnalité ? Les sujets qu'on appelle *accumulateurs* et qui rassemblent toutes sortes d'objets ou n'arrivent pas à se séparer de ce qui est sans valeur et inutile ont-ils des compulsions ou seulement un trouble de la personnalité avec besoin de tout retenir ? Il en est de même pour les sujets obsédés par l'ordre et la symétrie : ont-ils des rituels ou une personnalité obsessionnelle ? Il est vrai que les classifications internationales donnent la possibilité de dire qu'il y a dans ces cas association des deux troubles. Il n'en reste pas moins que leur distinction pose problème.

Les modèles comportemental, cognitif et biologique

Parmi les nouveaux modèles proposés, trois se sont imposés :

Le modèle comportemental explique les symptômes par des conditionnements pathologiques. Cette hypothèse est étayée par le fait que des thérapies comportementales, comme l'exposition en imagination ou en réalité, améliorent certains symptômes. Il est difficile d'imaginer que de tels conditionnements puissent à eux seuls être responsables des troubles de la personnalité et des TOC, mais ils peuvent jouer un rôle de facteurs complémentaires et leur rôle ne peut être que mineur.

Le modèle cognitiviste applique sa théorie des *schémas cognitifs* qui privilégient des *cognitions* (des idées et des représentations), ici l'idée que le sujet pourrait agresser quelqu'un. Ces *cognitions* s'imposent à l'esprit et mettent alors en route automatiquement des *processus* de maximalisation du type : « C'est horrible de penser cela, j'ai le mal en moi, je suis coupable, je suis un être infâme... » suivis de la mise en place de *plans d'action* pour contrôler ce risque, par exemple un acte de vérification ou une activité psychique comme compter, établir des listes, etc. Ce modèle ne concerne pas la cause de la maladie mais le fonctionnement psychique. La pensée de l'obsessionnel reste bloquée sur ses idées. La technique du *raisonnement socratique* consiste à l'inciter à y réfléchir, à prendre conscience de sa peur de nuire, à la critiquer, à contester sa responsabilité, à relativiser la gravité du risque et de ses conséquences et ainsi à mieux comprendre son fonctionnement psychique et à tenter de le corriger. C'est un modèle particulièrement intéressant. Sans le dire il est directement dans le droit fil de la conception psychanalytique. Nous verrons s'il peut prendre sa place complètement ou si, au contraire, il n'en a hérité que partiellement et s'il peut en obtenir encore plus.

Le modèle biologique est d'actualité. Les publications récentes lui attribuent une très grande importance et il est de fait que sa pertinence est indéniable. Certains médicaments (les antidépresseurs sérotoninergiques) sont efficaces, la maladie s'accompagne de modifications de l'activité métabolique de certaines régions cérébrales, notamment un hyperfonctionnement des régions préfrontales ; tous ces faits montrent que des processus biologiques sous-tendent les manifestations cliniques. Les études génétiques mettent en évidence une prédisposition aux troubles anxieux, parmi lesquels se situent les TOC. Il existe une maladie appelée *syndrome de Gilles de la Tourette* qui se manifeste par des tics moteurs ou vocaux : mouvements – ou vocalisations – soudains, rapides, récurrents, stéréotypés. C'est une maladie génétique, due à des lésions cérébrales. Or cette affection est associée dans 50 % des cas à des TOC. C'est un argument souvent avancé en faveur de l'origine biologique des obsessions et des compulsions et de l'hypothèse qu'elles sont dues aux mêmes perturbations biologiques que ce syndrome. Ces constatations sont incontestables, mais peut-on en déduire que la cause de la maladie obsessionnelle est toujours biologique ? Non. Deux réserves s'imposent. Que certaines formes soient d'origine biologique ne veut pas dire qu'elles le soient toutes, sinon tous les sujets (ou une grande majorité des sujets) présentant des TOC auraient aussi un syndrome de Gilles de la Tourette, or il n'y en a que 7 %. Et si la maladie était un trouble strictement organique, elle ne serait pas accessible aux psychothérapies. Par ailleurs les modifications du fonctionnement cérébral peuvent être la conséquence du trouble et non sa cause, comme le montre le fait qu'en cas d'amélioration par psychothérapie cet hyperfonctionnement diminue. Ainsi des mécanismes biologiques expliquent sans aucun doute certains aspects de la pathologie obsessionnelle et peut-être particulièrement certaines formes, mais il n'est pas prouvé qu'ils expliquent toutes les manifestations et toutes les formes.

Le modèle à la fois biologique et psychologique jouit actuellement de beaucoup de faveur. Jean Cottraux en fait une présentation dans une synthèse récente[5]. Il part de l'idée d'un continuum *impulsivité-compulsivité*. « Selon ce modèle, le TOC serait caractérisé par la *compulsivité* compensatoire d'une *impulsivité* perçue. » Le sujet perçoit en lui une *impulsivité dangereuse* et il y oppose une *compulsivité*. Cet auteur décrit les troubles ainsi : « Le patient pense qu'il est potentiellement dangereux pour les autres et émet différentes formes de comportements de neutralisation pour réduire sa *responsabilité*. Ainsi, le patient ne prend jamais de décision, de peur d'être responsable de conséquences fatales à autrui. Les rituels de lavage et de nettoyage visent à prévenir la contamination des autres. Les rituels de vérification sont mis en jeu pour arrêter à temps les catastrophes qui menacent autrui. » Ces manifestations cliniques sont expliquées par des mécanismes biologiques. À l'origine de la maladie, il y aurait « un retour à des programmes moteurs innés, situés dans le noyau caudé, et qui sont normalement inhibés », la défaillance de cette inhibition conduirait à de l'impulsivité, la correction de cette défaillance par un contrôle conduirait aux TOC. Et ce contrôle serait lié à l'hyperactivité du cortex préfrontal. Autant on ne peut que souscrire à cette analyse clinique, autant on ne peut considérer sa théorie explicative

5. Cottraux J., « Trouble obsessionnel-compulsif », *Encyclopédie médico-chirurgicale*, 37-370-A-10, 2004 (14 p.).

que comme une hypothèse. Rien ne prouve la réalité de ces programmes moteurs innés et qui seraient normalement inhibés et de la défaillance du système de contrôle. Qu'il y ait des anomalies de fonctionnement du noyau caudé et du cortex préfrontal ne prouve pas que la cause soit biologique, ces anomalies peuvent être une conséquence du trouble psychique. Et même si elles sont à l'origine des manifestations, la question reste ouverte de savoir ce qui a déréglé les mécanismes normaux. Ce n'est pas forcément une cause biologique.

La pertinence du modèle psychanalytique

Au terme de ce bilan des conceptions modernes on voit qu'il reste une place pour la psychanalyse. Elle apporte une certaine solution aux insatisfactions des classifications. Elle peut compléter la théorie cognitiviste. Elle propose un modèle qui n'est pas moins scientifique que celui de la psychiatrie biologique.

Elle est certes fortement contestée. Dans cette même publication consacrée aux TOC, Jean Cottraux lui dénie toute valeur. La raison qu'il donne est que des études, à partir d'analyses factorielles, ont montré que le *caractère anal* et les symptômes obsessionnels et compulsifs ne sont pas corrélés. Et il estime que cela est contraire aux hypothèses initiales de Freud. Mais son argumentation est contestable. Les publications auxquelles il se réfère sont anciennes (J. Delay *et al.*, 1962 ; J. Sandler *et al.*, 1960) et reposent sur des questionnaires, ce qui n'est pas très approprié pour inventorier des processus psychodynamiques. De plus, ces études ne portent que sur le caractère *anal* et ignorent le caractère *sadique-anal* qui est un concept autrement plus riche, comme nous allons le voir.

Le modèle psychanalytique de la névrose obsessionnelle est un modèle exemplaire de névrose. Il repose sur le concept d'une fixation à un stade archaïque, ici le stade sadique-anal. Certains peuvent contester cette notion d'une fixation à ce stade à la suite d'un traumatisme. Ce n'est pas pour autant qu'ils ne peuvent trouver bénéfice à utiliser le modèle psychanalytique de la névrose obsessionnelle. Il leur suffit d'accepter l'idée que tout se passe *comme si* cela s'était produit. Ils pourront ainsi utiliser ce modèle et en découvrir l'efficience pour la pratique.

Il y aurait donc une fixation au stade sadique-anal et cette fixation pourrait donner une perversion : le sadisme. En fait, le surmoi interdit un tel fonctionnement et l'*inverse* en névrose. Rappelons la formule de Freud : « La névrose est le négatif de la perversion. » Ce modèle paraîtra réducteur et il l'est en effet. Il serait sans intérêt pour une pratique psychanalytique, mais il est éclairant pour la compréhension des manifestations de la névrose.

Le conflit intrapsychique entre fixation sadique-anale et refoulement (on dit aussi entre pulsion et défense) va constituer le mécanisme central de l'économie névrotique. Pour le comprendre il faut anticiper sur ce que nous verrons à propos des perversions. Il faut en effet expliquer de quel mécanisme pervers le mécanisme névrotique est le *négatif*.

Nous avons vu, à propos du développement affectif, que l'enfant au stade sadique-anal éprouve des plaisirs anaux (lors de l'expulsion ou de la rétention de ses matières ou en jouant avec elles) et des plaisirs sadiques (son plaisir à s'opposer). C'est ce type de plaisir qui va être combattu par le surmoi.

Il tente de le refouler, mais il n'y parvient pas totalement et il utilise alors d'autres mécanismes de défense parmi lesquels les deux principaux sont l'inversion et le déplacement. L'inversion tend à remplacer le désir par la crainte ou la répulsion. Le déplacement met des objets ou des buts acceptables à la place des coupables. Mais ces solutions sont fragiles et le sujet sent que ce qu'il tente d'écarter peut resurgir s'il relâche sa vigilance. Toute la sémiologie de la névrose obsessionnelle va être le reflet de ce conflit entre pulsion et défense, conflit jamais liquidé, nécessitant la répétition des efforts de maîtrise. Ainsi les symptômes sont des compromis entre les deux forces en jeu. Ils témoignent de la domination du surmoi et en même temps de la latence du processus archaïque qui maintient sa pression. Cela vaut pour les troubles de la personnalité comme pour les TOC.

1. Il y a d'abord les compromis concernant l'analité et ses deux plaisirs archaïques : la coprophilie et la rétention.

1-1. L'inversion de la coprophilie donnera la peur de la souillure, les compulsions de lavage, le besoin de ranger, classer, mettre en ordre. Le déplacement aboutira à remplacer les matières fécales par d'autres objets qui seront valorisés et accumulés : l'argent, des objets usés ou inutiles.

1-2. Le plaisir de rétention peut s'inverser en recherche d'efficacité et de rendement. Il est surtout déplacé sur d'autres objets, ce qui provoque le besoin d'accumuler, de collectionner. Le besoin d'efficacité comme celui d'accumuler est sans lien avec la valeur de ce qui est fait ou rassemblé ; c'est un besoin de rendement pour le rendement, ce sont des collections sans valeur artistique ou marchande.

2. Il y a ensuite et surtout les compromis concernant le sadisme.

2-1. Les mécanismes d'inversion sont à l'origine des manifestations les plus caractéristiques de la névrose obsessionnelle. Le sujet redoute de faire un acte coupable, il exerce une forte action de contrôle, il ne veut à aucun prix commettre un tel acte. S'il est si préoccupé, c'est qu'il ressent que ce potentiel dangereux, tapi au fond de lui, est puissant. Et ce potentiel n'est pas une simple impulsion, il ne s'en sentirait pas autant responsable. C'est une chose plus grave. Il sent qu'il pourrait avoir envie de réaliser cet acte agressif. C'est de ses propres désirs qu'il se méfie. La culpabilité est au cœur du dilemme, elle serait intense en cas de passage à l'acte, l'autocontrôle a pour objectif de la prévenir, mais elle ne reste pas loin de la conscience. Le compromis est clair, il maintient en équilibre les deux forces opposées. C'est la défense qui gagne mais on sent que la pulsion sadique est latente. Les obsessions concernant des objets sont peu différentes. Ici un objet semble jouer un rôle puisque le sujet s'en méfie, mais ce rôle est accessoire. Comme dans le cas précédent, l'important est ce que le sujet pourrait faire de cet objet et plus précisément ce qu'il pourrait avoir envie d'en faire.

2-2. *Les mécanismes de déplacement s'associent à ces inversions et entraînent souvent une telle domination de la défense que la pulsion n'est presque plus visible. Le déplacement peut se faire par un retournement du projet sadique sur la personne propre, c'est un autre mécanisme formateur de l'idée obsessionnelle. Elle assiège l'esprit et la culpabilité trouve une solution d'apaisement puisque c'est lui-même que le sujet persécute. L'obsession unit la faute et la punition. Le déplacement peut se faire aussi sur un autre acte. C'est le cas des compulsions et des rituels. Dans les compulsions à vérifier, le déplacement se fait sur des situations ou des objets qui sont en soi peu ou pas dangereux, mais pour lesquels le sujet sent le même besoin de vigilance que s'ils l'étaient. Il ressentirait de la culpabilité s'il ne les contrôlait pas. Dans les rituels, le déplacement est tel qu'il n'y a plus trace d'un danger à éviter. On ne voit pas ce qui peut justifier la répétition de ces actes anodins ou absurdes. La défense a écarté toute trace de la pulsion, mais le combat entre les deux continue et se manifeste par la persistance des conduites répétitives.*

Le modèle psychanalytique est donc d'une grande cohérence et très en adéquation avec la sémiologie obsessionnelle. En quoi peut-il être utile au clinicien ?

Les mécanismes qu'il envisage sont plus préconscients qu'inconscients. À ce titre ils sont plus adaptés à la pratique des psychiatres et des psychologues cliniciens qu'à celle des psychanalystes. Les praticiens ont là un outil de compréhension des symptômes et des clefs pour un certain abord psychothérapique.

Ce modèle de conflit entre pulsion et défense aide à analyser ce que ressent le malade. Il permet de comprendre un symptôme que les classifications internationales méconnaissent. Quand le sujet ressent des impulsions, non seulement il sait que cela provient de sa propre activité mentale (comme l'indiquent d'ailleurs ces classifications), mais il s'en sent aussi coupable, il pense qu'il risque d'avoir envie d'être agressif envers les autres (symptôme négligé par ces classifications). S'il s'efforce de les réprimer ce n'est pas seulement pour se libérer l'esprit, c'est aussi pour éviter de les réaliser. Nous avons vu dans le chapitre « Les peurs ne sont pas toutes des phobies », l'importance de ce symptôme pour distinguer les obsessions des phobies. Nous avons vu aussi que cette idée est souvent plus préconsciente que consciente et qu'il faut alors inciter le patient à la retrouver.

Ce modèle permet aussi de mieux décrire les manifestations cliniques. Les classifications internationales se contentent de distinguer les obsessions et les compulsions. Il y a tout à gagner à être un peu plus précis. Le plus éclairant sur le fonctionnement psychique qui les sous-tend nous paraît être de distinguer trois formes d'obsessions.

– Les *obsessions-impulsions* (ou obsessions impulsives) correspondent à la crainte de faire un acte nocif. C'est la mère de famille qui a peur de tuer son enfant, c'est le sujet qui a peur de perdre son contrôle et de commettre un acte criminel. On voit qu'il y a là une double composante psychique : la notion qu'une pulsion mauvaise peut exister en soi-même et la détermination à la contrôler. Le conflit entre pulsion et défense est évident. Le degré de conscience de cette pulsion mauvaise est variable. Elle peut être claire à l'esprit, elle peut être cachée mais n'est pas loin de la conscience, il s'agit alors d'un fantasme préconscient. Le sujet se sent responsable de ce mal qui est en lui. Il a peur d'avoir envie de faire ce mal. Il a beau lutter contre elle, il ne peut la réprimer mais il ne passe pas à l'acte.

– Dans les *obsessions phobiques* (nous avons vu qu'il vaudrait mieux les appeler pseudo-phobiques), un objet (ou une situation) est inquiétant mais ce n'est pas parce qu'il est dangereux. Ce que redoute le sujet c'est l'usage nocif qu'il peut en faire. La peur des objets tranchants est due à la crainte de les utiliser pour blesser, la peur des objets sales ou des microbes est due à la peur de contaminer les autres. La protection par l'évitement n'est pas aussi efficace que dans la phobie puisque le sujet a peur d'avoir envie de ne plus éviter l'objet. Nous avons vu le cas de cette malade qui avait une obsession pseudo-phobique des couteaux, pour qui l'évitement était insuffisant et qui s'assurait qu'elle ne ferait rien de mauvais avec eux en les confiant à sa voisine.

– Les *obsessions idéatives* (ou idées obsédantes) sont souvent désignées par le terme générique d'obsessions sans qualificatif. Elles correspondent à des idées, des représentations, des mots ou des phrases qui s'imposent à l'esprit et qui sont culpabilisées ou désagréables. La culpabilité peut paraître paradoxale puisque le patient ressent ces pensées comme une intrusion forcée mais le paradoxe n'est qu'apparent car, sentant qu'elles viennent de lui-même, il s'estime responsable et son incapacité à les chasser accroît sa culpabilité. Ce phénomène est d'autant plus net que les obsessions sont plus immorales, comme des représentations ou des phrases grossières, horribles ou obscènes voire sacrilèges. C'est bien un compromis puisqu'il y a la trace de la pulsion et de la défense (il y a l'idée mauvaise et l'acharnement à la chasser). Lorsqu'elles sont neutres, comme l'obligation de compter ou d'établir des listes ou de faire des calculs, elles n'entraînent pas une telle culpabilité, mais un désagrément, une angoisse ou même une détresse. La défense a alors totalement maîtrisé la pulsion.

Les *compulsions* et les *rituels* ont en commun d'être des actes que le sujet est contraint d'exécuter. S'il tente de résister, en ne faisant pas l'acte ou en le différant, il éprouve de l'angoisse et surtout ressent une pression interne irrésistible qui le pousse à le réaliser. Quand il accomplit son acte compulsif, il ressent un soulagement, mais il est de courte durée et la pression reprend rapidement.

– Dans les compulsions de lavage, le sujet doit se laver sans cesse, parfois tout le corps, le plus souvent les mains. Les fantasmes qui accompagnent ces gestes ne sont pas la peur d'être atteints par des agents nocifs (comme dans les phobies), mais la crainte de devenir dangereux pour les autres et de les contaminer. S'il recommence rapidement c'est avec l'idée qu'il ne s'est sans doute pas suffisamment lavé. Parfois ces fantasmes sont très atténués et le sujet ne sait plus clairement pourquoi il agit ainsi, il sait seulement qu'il doit le faire. Parfois les règles de lavage deviennent illogiques et absurdes (la compulsion se transforme en rituel), par exemple le sujet doit frotter ses mains d'une certaine façon, trois fois dans un sens, cinq fois dans un autre, etc.

– Les compulsions de vérification sont liées à la préoccupation impérieuse de s'assurer que des choses dangereuses sont bien contrôlées. Comme pour le lavage, le sujet ne craint pas pour lui-même mais pour les autres. S'il vérifie que les robinets sont bien fermés, c'est pour éviter que cela nuise à d'autres. Si, au volant de sa voiture, il retourne sur ses pas, c'est pour vérifier qu'il n'a pas, en projetant des graviers, blessé quelqu'un. S'il revient auprès de ses amis pour bien expliquer ce qu'il a dit ou fait, c'est par peur de les avoir offensés.

– Les *rituels* (ou rites) ont la même force, mais leur motivation est mystérieuse car la répression par le surmoi est si puissante qu'elle camoufle ce qui pourrait évoquer le sadisme. Dans les rites d'habillage, le sujet doit procéder d'une façon complexe et stéréotypée. Il ne peut y déroger. Chaque manquement nécessite de tout recommencer. Dans les rites de rangement, le souci d'ordre va très au-delà d'une rigueur organisationnelle et devient absurde : par exemple une patiente ne pouvait s'endormir le soir qu'après avoir vérifié que toutes les franges des multiples napperons qu'elle avait disposés sur ses meubles étaient rigoureusement verticales, ce qui lui prenait des heures. Si le sujet essaie de résister à sa compulsion, il éprouve un intense malaise, il sent le besoin irrésistible d'accomplir son rituel et cette tension psychique est aussi pénible qu'une angoisse. La défense domine tellement la pulsion que celle-ci n'est plus apparente, mais elle explique l'intensité de la tension psychique.

Cette compréhension des symptômes peut aider à combler les insuffisances des classifications internationales. La psychanalyse apporte une sémiologie qui permet d'identifier tous les cas, même ceux qui sont d'intensité modérée. Elle permet de répertorier les formes plus légères et d'étudier si elles ont ou non les mêmes caractéristiques que les formes sévères. Elle donne un modèle compréhensible et cohérent de l'organisation psychique et permet de comprendre ce qui est commun aux troubles de la personnalité et aux TOC proprement dits.

Elle peut enrichir l'approche des cognitivistes. Leurs cognitions pathologiques sont très proches des modèles préconscients de la psychanalyse. S'ils ne prononcent pas le mot de sadisme, ils se rendent néanmoins compte que le sujet sent en lui une tendance à agresser. S'ils n'utilisent pas la notion de surmoi, ils donnent une grande place à la culpabilité, à l'autodévalorisation, à la détermination à se perfectionner. Les modèles psychanalytiques peuvent les aider à compléter leur analyse. Par exemple à comprendre les rituels alors que le poids de la défense est tel que la pulsion est inapparente.

La comparaison avec le modèle biopsychologique met en évidence de grandes similitudes et ce que la psychanalyse apporte en plus. Quand Cottraux écrit que « le patient pense qu'il est potentiellement dangereux pour les autres et émet différentes formes de comportements de neutralisation pour réduire sa *responsabilité* », dit-il autre chose que ce que nous avons dit ? Il appelle *impulsivité dangereuse* ce que nous appelions la peur d'avoir envie de nuire et *compulsivité* le besoin de contrôler, mais l'idée est la même. La différence tient au fait que la force qui provoque ces tensions est attribuée dans un cas à une pulsion et dans l'autre à un mécanisme biologique. Cet auteur rejette le modèle psychanalytique qu'il ne trouve pas scientifique, mais quand il explique ces phénomènes par « un retour à des programmes moteurs innés, situés dans le noyau caudé, et qui sont normalement inhibés », ce mécanisme n'est-il pas aussi hypothétique que la régression à un stade archaïque ? Quand il évoque une défaillance de l'inhibition de l'impulsivité, cela n'est-il pas aussi hypothétique que la persistance du sadisme ? Le plus qu'apporte la psychanalyse est une explication du processus psychothérapique. Car on comprend que, s'il s'agit d'un processus psychologique, la prise de conscience par le malade de ce fonctionnement lui permette de le corriger alors que s'il s'agit d'un processus biologique on ne voit pas comment cette prise de conscience le lui permettrait.

Quel modèle choisir ?

Ce plaidoyer pour que la psychanalyse garde une place dans l'arsenal théorique n'est pas un plaidoyer contre les nouvelles données. S'il est regrettable de se priver des conceptions psychanalytiques, il le serait aussi de se priver des autres. La psychiatrie a besoin de tous ces outils théoriques. Ils sont complémentaires. Chacun peut éclairer un aspect des problèmes et selon les cas les uns sont plus pertinents que d'autres. Il est possible que des mécanismes différents soient capables d'entraîner les mêmes manifestations et que derrière l'apparence d'une entité clinique unique se cachent plusieurs maladies. Rien n'empêche de considérer que certains troubles obsessionnels sont la résultante de conflits intrapsychiques et que d'autres ont une cause biologique. C'est d'ailleurs une règle générale de la psychologie et de la psychopathologie qu'un même tableau clinique puisse être sous-tendu par des mécanismes variés. Les dépressions endogènes et les dépressions réactionnelles ont les mêmes aspects cliniques. L'anxiété est la même qu'elle soit d'origine psychique ou biologique. Il n'y a pas de raison pour ne pas envisager la même chose pour la pathologie obsessionnelle-compulsive. Il pourrait y avoir des formes d'origine biologique et des formes d'origine psychologique. On peut aussi concevoir des intrications avec des formes mixtes. On peut envisager qu'une prédisposition génétique facilite l'installation d'une névrose ou qu'un processus psychologique entraîne des modifications du fonctionnement cérébral repérables par une caméra à positons. On peut même se risquer à aller plus loin et faire l'hypothèse que les vrais TOC, ceux qui remplissent toutes les conditions du DSM IV, sont surtout d'origine biologique et que les névroses classiques sont surtout d'origine psychique.

L'HYSTÉRIE DÉPECÉE ET DÉVITALISÉE

Les classifications internationales ont éliminé la notion de névrose hystérique et l'ont dépecée en dispersant ses composantes dans diverses catégories. Elles en ont conservé un fragment amputé et dévitalisé : la personnalité histrionique. Il est sûr que la définition de la névrose hystérique n'était pas simple car ses manifestations sont multiples, psychologiques et corporelles et pour justifier qu'elles font partie de la même maladie, il faut trouver ce qui les unit. C'était ce que faisait (et peut faire encore) le concept de névrose. Il situe la base commune dans une certaine structure psychique. Mais il s'agit là d'un modèle, donc d'une théorie, et quand on se veut totalement athéorique on se trouve démuni. Il ne restait plus aux auteurs du DSM et de la CIM-10 qu'à répertorier les diverses manifestations et les classer dans des catégories descriptives : les traits psychologiques dans les troubles de la personnalité, les manifestations corporelles dans les troubles « somatoformes », les amnésies, fugues, dépersonnalisations, dans les troubles dits « dissociatifs », sans faire aucun lien entre eux. Quant aux troubles d'allure psychotique, ils les ont tout bonnement ignorés.

Ces auteurs s'expliquent en disant que, devant l'absence de consensus, la seule solution qui leur est apparue scientifique a été de faire l'inventaire des manifestations sans se prononcer sur leurs liens entre elles, sous-entendant par là que ce pouvait être une position d'attente n'écartant pas l'éventualité d'un regroupement si des faits nouveaux l'imposaient. Du fait de la dérive que nous avons déjà évoquée, cela a été compris comme un rejet de la névrose et – pire encore – comme une preuve « scientifique » de son inexistence !

Il serait plus raisonnable de prendre ces classifications pour ce qu'elles sont : un vocabulaire international et de les utiliser pour communiquer sans pour autant se priver de l'outil qu'est le concept de névrose hystérique.

Nous allons voir dans ce chapitre comment le cheminement des idées en est arrivé là, puis ce qu'il en est des troubles de la personnalité et des troubles dits de conversion psychiques et somatiques. Nous parlerons des manifestations d'allure psychotique dans le chapitre consacré au rêve et au délire. Cela pour permettre un exposé plus clair. Mais ce sera sans renier leur nature hystérique.

Maladie du corps ou de l'esprit ?

Les débats ont toujours tourné autour de la question de savoir si l'hystérie se caractérisait par des manifestations corporelles ou psychiques. De l'Antiquité au XIXe siècle, le qualificatif hystérique concerne uniquement des manifestations somatiques. Si le terme avait été choisi c'est parce que l'utérus (*ustera* en grec) était considéré comme responsable des troubles. Les Égyptiens attribuaient toutes sortes de troubles à une position aberrante de cet organe et utilisaient des inhalations malodorantes et des fumigations vulvaires pour le remettre en place. Hippocrate estimait que la privation sexuelle desséchait l'utérus qui partait à la recherche de l'humidité en provoquant, au cours de ses déplacements, des suffocations puis se fixait sur d'autres organes qu'il perturbait. Galien rejetait la notion de déplacement de l'utérus, mais conservait celle de l'étiologie sexuelle : la continence entraînait la rétention d'un liquide séminal féminin responsable de la maladie.

Au XVIIe siècle on abandonne l'étiologie utérine pour envisager diverses explications : psychiques, cérébrales (avec la notion d'esprits animaux), surnaturelle (possession démoniaque), mais on ne considère toujours que des manifestations somatiques. En 1859, Pierre Briquet[6] publie un traité dans lequel, à partir de cent trente observations de conversions recueillies en dix ans, il fait une analyse critique des symptômes et de l'évolution des troubles. Il attribue la maladie à des émotions prolongées chez des sujets prédisposés par leur hérédité et il l'interprète comme « une névrose de la portion de d'encéphale destinée à recevoir les impressions affectives et les sensations » et qui est susceptible de modifier l'organisme tout entier. La cause est psychique mais les troubles sont corporels. Signalons au passage que des auteurs américains séduits par la rigueur de ses descriptions ont proposé d'appeler l'hystérie : « Briquet's disease ».

Sydenham le premier, au XVIIe siècle, parle de traits de personnalité de caractère hystérique, mais cette notion est négligée pendant deux siècles. C'est à la fin du XIXe que l'hystérie devient une maladie psychique. Les travaux de Charcot, de Bernheim, de Babinski, de Janet aboutissent à des conceptions variées, mais tous s'accordent pour recon-

6. Briquet P., *Traité clinique et thérapeutique de l'hystérie*, Paris, J.-B. Baillière, 1859.

naître à l'hystérie des manifestations psychologiques : crises, amnésies, dédoublement de personnalité... Et c'est Freud qui apporte le plus à la compréhension de l'affection. Comme Charcot, dont l'enseignement l'avait marqué, il étudie les conversions, mais il dépasse la notion de suggestion et c'est à l'occasion de leur étude qu'il découvre l'inconscient, le refoulement, le rôle des fantasmes, les conflits psychiques, etc. Fait majeur, son interprétation des mécanismes psychiques en jeu lui permet de montrer ce qui est commun aux troubles de la personnalité et aux conversions.

Il a ainsi unifié les deux courants. Cette conception est alors largement acceptée par la psychiatrie et, pendant une longue période, les traités présentent la maladie comme une névrose comportant l'association de troubles du caractère et de conversions somatiques.

À partir de 1980, c'est l'éclatement. Comme nous l'avons vu, les classifications internationales, écartant la notion de névrose, mettent en doute l'unicité de la maladie et étudient indépendamment la personnalité et les manifestations somatiques.

De la personnalité histrionique à la personnalité hystérique

Le DSM, comme la CIM-10, a remplacé hystérique par *histrionique*. On peut regretter le caractère péjoratif de ce terme, mais il a l'avantage de bien dire ce qu'il veut dire car il correspond à l'idée que ces classifications se font de cette personnalité. Elles la décrivent en termes comparables. La caractéristique essentielle, dit le DSM IV, est « un mode général de comportement fait de réponses émotionnelles et de quête d'attention excessives et envahissantes ». Ces sujets veulent absolument « être le point de mire », ils utilisent « leur aspect physique pour attirer l'attention sur eux », par « une attitude provocante et une séduction sexuelle inappropriées ». Leur expression émotionnelle est « exagérée » jusqu'à « la dramatisation et le théâtralisme » et « superficielle et labile » avec une grande « suggestibilité ». La CIM-10 ajoute : « Le trouble peut s'accompagner d'un égocentrisme, d'une indulgence excessive envers soi-même, d'un désir permanent d'être apprécié, d'une tendance à être facilement blessé et d'un comportement manipulateur persistant, visant à satisfaire ses propres besoins. »

Voilà à quoi a abouti le consensus ! C'est un type de personnalité bien étriqué et peu sympathique ! On comprend qu'on l'ait baptisé histrionique (l'histrion est un comédien méprisé). On nous décrit des individus dominateurs, exigeants, égocentriques et manipulateurs. Voyons ce qu'on a perdu en abandonnant la conception psychanalytique.

Il est difficile de dire « la » conception psychanalytique car depuis que les psychanalystes travaillent sur l'hystérie, de multiples nuances ont été proposées. Ce n'est pas le lieu de les étudier. Il faut choisir et le modèle présenté ici est celui qui m'a paru le plus adéquat.

Le modèle psychanalytique

Freud explique les névroses par un blocage du développement libidinal, à la suite d'un traumatisme psychique responsable d'une fixation suivie d'un refoulement. Nous ne reviendrons pas sur le bien-fondé – ou non – de la notion de traumatisme puisque nous avons vu que cela n'a pas d'incidence sur la compréhension des symptômes. L'important est la notion de fixation. Le maintien du fonctionnement affectif à un stade archaïque entraînerait chez l'adulte une perversion, mais l'intervention du surmoi l'inverse en fonctionnement névrotique.

Selon le *Vocabulaire de la psychanalyse* de Laplanche et Pontalis, « la spécificité de l'hystérie est à chercher dans la prévalence d'un certain type d'identification, de certains mécanismes (notamment le refoulement, souvent manifeste), dans l'affleurement du conflit œdipien qui se joue principalement dans les registres libidinaux phallique et oral ».

Le stade où se fait la fixation est discuté. Beaucoup d'auteurs évoquent le stade oral, sans doute à cause de l'avidité affective. Cette notion peut être retenue mais elle ne peut suffire à expliquer la névrose. La fixation essentielle se fait au premier temps du conflit œdipien, au moment où l'enfant, garçon ou fille, essaie de séduire le parent du sexe opposé pour devenir son seul objet d'amour. Il se sent en rivalité avec le parent du même sexe et nourrit à son égard des sentiments hostiles. Si, du fait de la fixation, ce fonctionnement affectif persistait, il correspondrait à l'âge adulte à une orientation incestueuse de nature perverse.

Le surmoi ne tolère pas de tels désirs et les refoule. Il y a donc un conflit inconscient entre une tendance incestueuse et une répression culpabilisante. Le refoulement maintient ce conflit hors de la conscience mais il fait pression et tend à affleurer. Des mécanismes de défense le rendent alors tolérable en atténuant ses composantes, le désir incestueux devient demande d'affection et la culpabilité devient peur de la sexualité. Le sujet se comporte comme un enfant demandant une affection exclusive, mais fuit toute réalisation sexuelle qui serait coupable.

Il est facile de comprendre qu'un tel modèle ne peut être accepté par tout le monde. Mais on peut proposer aux plus incrédules de ne pas tenir compte des notions pathogéniques (fixation, refoulement) et d'accepter le modèle simple de la position de demande infantile d'affection avec intolérance de la réponse sexuelle qu'elle pourrait provoquer. Ils verront que cela permet de mieux comprendre les symptômes hystériques et d'avoir de la personnalité hystérique une image plus complète et plus adaptée à la pratique clinique. Il n'est plus question de mécanismes inconscients mais seulement de mécanismes préconscients facilement repérables.

Le sens des symptômes retenus par les classifications internationales

Être le point de mire, être le centre d'attention d'autrui. Oui, mais pourquoi ? Ces classifications laissent entendre par égocentrisme. En réalité c'est par besoin d'amour. Cette demande affective est intense, on parle d'avidité affective. Elle est comparable à celle de l'enfant qui veut un amour exclusif, sinon il se sent abandonné. Les hystériques ne sont pas triomphants mais implorants.

Ils utilisent « leur aspect physique pour attirer l'attention sur eux », par « une attitude provocante et une séduction sexuelle inappropriées ». Nous sommes là au cœur de leur problématique. La séduction sexuelle est vraiment inappropriée car elle est à la fois recherchée et redoutée parce que culpabilisée. Malgré les apparences ce n'est pas la réalisation sexuelle qui est visée, mais uniquement la bienveillance, et la perspective de la réussite de cette séduction déclenche la panique. On a qualifié certaines patientes d'*allumeuses* car elles suscitent le désir et se refusent quand le partenaire y répond. Mais ce comportement ne doit pas être confondu avec un comportement pervers dans lequel il y aurait plaisir à frustrer l'autre après l'avoir excité, ce qui est un plaisir sadique. Ici la fuite est due à l'angoisse liée à la sexualité. Ce fonctionnement affectif est semblable à celui de la petite fille (ou du petit garçon) qui veut séduire son père (ou sa mère), mais n'a pas la maturité nécessaire pour une relation génitale. On rattache à cette immaturité la classique frigidité de l'hystérique, mais cette notion doit être nuancée, l'ambivalence vis-à-vis de la sexualité amène toujours des difficultés sans aller systématiquement jusqu'à la frigidité proprement dite.

Leur expression émotionnelle est à la fois exagérée, superficielle et labile. C'est ce qui a fait choisir le terme *histrionisme*. On dit aussi théâtralisme, dramatisation. L'hyperexpressivité et la labilité sont liées. Le sujet est hypersensible aux agressions comme aux gratifications. On parle de seuil de tolérance bas, de susceptibilité. Toutes ses réactions affectives sont vives et spectaculaires. La joie est débordante, le découragement devient un effondrement. Souvent le sujet oscille entre des réactions opposées. On parle aussi d'inauthenticité car le sujet ne se comporte pas comme un comédien, mais comme un mauvais comédien. Lorsqu'il exprime une émotion, il ne le fait pas seulement avec intensité, il va jusqu'à la démesure. En cas de difficultés ou de crises, il a des manifestations spectaculaires : pleurs, menaces de suicide, accès dépressifs... Cette impression de superficialité pourrait faire croire que le sujet n'est pas sincère. Il n'en est rien. S'il *joue la comédie* ce n'est pas de propos délibéré, c'est parce qu'il est débordé par l'émotion. S'il réagit avec excès c'est parce qu'il ressent avec excès. Ces attitudes ont le même but que la demande affective, obtenir l'attention et l'intérêt de l'autre. On parle de manipulation. En fait il faut s'entendre sur la nature de cette manipulation. L'hystérique est un mythomane et non un mystificateur. S'il joue la comédie, c'est autant à lui-même qu'aux autres, alors que le mystificateur ne la joue que pour les autres. S'il veut manipuler l'autre, c'est pour obtenir son amour, alors que le mystificateur le fait pour le dominer ou l'agresser.

La suggestibilité est liée à ce besoin d'amour. Pour séduire l'autre, l'hystérique cherche à être comme il pense que l'autre le souhaite. Cela accroît sa labilité. Par exemple, un hystérique joue à être brillant, séduisant, provocateur puis, en cas d'échec de cette « comédie », bascule dans une attitude opposée et se présente comme faible, incapable, désemparé, suppliant. L'essentiel pour lui est de susciter l'intérêt, peu importe que ce soit en forçant l'admiration ou en suscitant la compassion.

L'intensité de la vie imaginaire, ce dernier trait nous paraît important : le DSM IV la signale à peine : « Ils [les hystériques] peuvent souvent se perdre dans des fantasmes romantiques. » Pourtant les auteurs classiques du XIXe siècle, Dupré, Delmas, Logre, insistaient tous sur l'importance de l'imagination dans le caractère hystérique. Logre a même écrit que la devise des hystériques était : « Toute l'image, rien que l'image ! » Le conflit intrapsychique propre aux organisations névrotiques entraîne des pensées contradictoires et stimule l'activité fantasmatique. Les représentations refoulées qui font pression pour revenir à la conscience sont remplacées par des représentations substitutives. Ces sujets ont tendance à la rêverie, rêverie faite de représentations multiples se groupant en scénarios à forte coloration affective. Cette activité fantasmatique envahit la conscience et perturbe l'appréhension du réel. On parle de falsification de l'existence. Elle explique la tendance à la mythomanie. Ces sujets ont souvent une perception particulière du monde et d'eux-mêmes, ils bâtissent des projets irréalistes, transposent leur vie imaginaire dans la vie réelle. Ils jouent des rôles. La finalité de ces constructions n'est pas de mystifier les autres.

Elles sont leur manière de vivre. Il ne s'agit pas de délire car la critique est possible. Il s'agit de l'amplification d'un phénomène normal : la vision particulière, personnelle et partiale que chacun a de lui-même et des autres. Cette tendance contribue au théâtralisme. Elle participe aussi à divers dysfonctionnements intellectuels, notamment les troubles de la mémoire. Ce sont tantôt des remaniements des souvenirs ou des illusions ou des ecmnésies (impressions de vivre à un moment passé de la vie), tantôt des amnésies. Les oublis portent sur tout ce qui concerne la sexualité et, par un mécanisme de déplacement, sur des souvenirs anodins. Comme l'avait remarqué Freud, les hystériques sont incapables d'exposer avec ordre et logique l'histoire de leur vie, ils intervertissent les repères chronologiques, mettent en évidence des banalités et omettent des événements majeurs. Ces erreurs portent autant sur les souvenirs récents que sur les souvenirs anciens. La tendance à la rêverie va jusqu'à des états seconds ou des illuminations. La conscience est envahie par des productions imaginaires qui détachent le sujet de son adhésion à la réalité. Cela peut évoquer des bouffées délirantes ; nous y reviendrons plus loin.

L'idée que l'hystérie résulte d'un conflit intrapsychique met en lumière le fait que ces sujets sont en difficulté et ne sont pas des caractériels exigeants. Elle permet de comprendre ce que signifient leurs demandes et leurs réactions. Elles sont la conséquence d'une fragilité et d'une souffrance. Les critères purement comportementaux des classifications internationales risquent de les faire prendre pour des caprices et ne permettent pas de les différencier de comportements comparables, mais sources de jouissance comme le sont les comportements pervers dont nous parlerons plus loin. Pour reprendre l'exemple des *allumeuses*, les critères internationaux ne permettent pas de les différencier des perverses qui prennent plaisir à exciter puis à rejeter pour humilier et ridiculiser. Des auteurs ont compris cette difficulté et ont utilisé la dénomination d'*hystérie perverse.* Est-ce logique d'associer ces deux termes alors que l'hystérie a toujours été classée dans les névroses ? N'est-il pas plus logique de distinguer clairement névrose et perversion et ne pas utiliser le qualificatif hystérique en cas de perversion ?

Cette approche permet aussi une description plus complète. Par exemple, si une (ou un) hystérique est en conflit avec un de ses parents, le thérapeute qui veut comprendre ce conflit ne trouvera dans les critères internationaux que l'explication par la suggestibilité et la probabilité d'une influence extérieure. Avec le modèle psychanalytique, il pourra envisager que le moyen de défense mis en jeu pour lutter contre l'attrait trop fort pour ce parent a été l'inversion de cet attachement en hostilité. Une jeune fille qui avait quitté sa famille car elle ne « supportait » plus son père a choisi une profession comparable à la sienne. Elle pouvait ainsi s'identifier à lui tout en étant persuadée qu'il lui était indifférent. On voit que ce modèle permet d'aller plus loin que le simple recensement des signes, mais permet de comprendre le fonctionnement psychique et de disposer de concepts pour accueillir les symptômes inattendus, ce que ne permettent pas les critères de l'histrionisme. C'est dans ce sens qu'il est dévitalisé.

Ces diverses manifestations névrotiques peuvent être d'intensité variable. Pour parler de névrose il faut que les manifestations soient intenses, persistantes, exclusives. À un degré moindre on parle de personnalité hystérique. Quant au sujet sain, il peut avoir – et il est souhaitable qu'il ait – un certain potentiel hystérique lui donnant une sensibilité et des possibilités expressives. Ces capacités sont alors à sa disposition s'il juge utile de les exploiter. Le névrosé n'a pas cette liberté, il est l'esclave de son fonctionnement affectif. Il ne peut réagir que de cette façon.

Selon les cultures, ces manifestations sont plus ou moins tolérées. Elles sont parfois valorisées. Mais, nous le savons, il ne suffit pas d'être bien accepté dans son milieu de vie pour être en santé psychique. Chaque culture a sa tolérance particulière pour telle ou telle maladie.

Les conversions psychiques ou troubles dissociatifs

Il n'y a pas à leur sujet de grandes difficultés pour concilier les conceptions d'inspiration psychanalytique et celles des classifications internationales. La première dénomme les troubles : conversions et les rattache à l'hystérie, les secondes les appellent troubles dissociatifs et ne leur reconnaissent aucun lien avec la névrose (même si la CIM-10 ajoute entre parenthèses le terme de conversion). En revanche, il y a accord sur les manifestations cliniques.

Ces classifications ont remis à l'honneur un concept ancien, celui de dissociation qu'avaient utilisé Janet puis Freud. Elles ne se placent pas pour autant dans la filiation de ces auteurs à qui elles ne font même pas référence. Elles désignent par là un symptôme clinique, sans lui donner d'explication théorique et surtout en le détachant de la névrose. Il est défini comme une perturbation « des fonctions normales d'intégration des souvenirs, de la conscience de l'identité ou des sensations immédiates » (CIM). Ce concept est utilisé à la fois par les DSM et par la CIM-10. Les manifestations sont les amnésies dissociatives, les fugues dissociatives, les stupeurs, les transes, les troubles de l'identité, les dépersonnalisations. On peut considérer que, lors de ces épisodes, il y a dissociation entre une partie de la personnalité qui conserve son insertion dans le réel et une partie qui fonctionne dans un domaine imaginaire.

Le retour à Janet et à Freud ne peut que nous aider à bien comprendre ces troubles et à bien les prendre en charge. Ils sont de même nature que les signes cliniques habituels de l'hystérie, mais leur intensité leur donne un aspect monstrueux. C'est donc Janet qui a parlé le premier de *dissociation* et Freud a repris le terme en l'interprétant autrement[7].

Ils visaient la même réalité clinique, mais Janet l'attribuait à une *tendance à la division* dans le psychisme de l'hystérique et Freud à un conflit actif entre le conscient et l'inconscient. Nous avons vu qu'il y a dans la névrose des amnésies qui sont à l'origine des nombreuses erreurs que font ces sujets lorsqu'ils exposent l'histoire de leur vie, oubliant des choses essentielles ou inversant les dates. Ces amnésies sont le plus souvent modérées, mais elles peuvent s'amplifier au point de devenir la manifestation centrale du tableau clinique. On l'appelle *amnésie dissociative ou psychogène*. Elle concerne surtout des faits récents et des événements traumatisants, elle s'installe alors dans les suites de cette expérience émotionnelle. Elle est habituellement partielle et sélective, mais elle est parfois généralisée. Elle atteint la mémoire épisodique et non la mémoire sémantique, le sujet oublie les événements de sa vie, mais pas ses connaissances générales, ses acquisitions scolaires, ses infor-

7. La revue *L'Évolution psychiatrique* lui a consacré un de ses numéros, avec notamment deux études, l'une de J. Garrabé, l'autre d'Y. Thoret *et al.*, sur l'historique de ce débat entre les deux auteurs. *L'Évolution psychiatrique*, vol. 64, n° 4, octobre-décembre 1999. Garrabé J., « La taxinomie actuelle des troubles dissociatifs », p. 717-726 et Thoret Y., Giraud A.-C., Ducerf B., « La dissociation hystérique dans les textes de Janet et de Freud avant 1911 », p. 749-764.

mations sur la vie publique. Il est conscient de son trouble et son attitude face à lui est des plus variables, elle va de la *belle indifférence* à un sentiment de détresse, en passant par la perplexité.

Nous avons vu aussi que la tendance à la rêverie peut aller jusqu'à des *états seconds* ou des *illuminations*. L'amplification de ce phénomène peut entraîner des comportements où le sujet s'écarte grandement des repères de la vie normale et entre dans des états de stupeur ou de transe. La stupeur dissociative a les caractères de toutes les stupeurs, mais sans aucun élément en faveur d'une cause physique. Il y a une diminution ou une absence de mouvements volontaires avec conservation d'une réactivité normale à la lumière, au bruit ou au toucher, avec parfois une légère altération de l'état de conscience. Les états de transe et de possession sont caractérisés par une perte transitoire de la conscience de sa propre identité, associée à une conservation parfaite de la conscience du milieu environnant. Un degré de plus dans le basculement dans une vie imaginaire et ce sont des troubles de l'identité. Le trouble de dépersonnalisation correspond à l'expérience d'un sentiment de détachement et d'une impression d'être devenu un observateur extérieur de soi. Le phénomène de *personnalité multiple*, sur lequel ont porté récemment beaucoup de travaux américains, se caractérise par la présence de plusieurs *états de personnalité* distincts, chacun ayant ses modalités particulières de perception, de pensée, de conscience de soi et de relation avec l'environnement. Ces divers états prennent tour à tour le contrôle du comportement du sujet. Lorsqu'il est dans un état donné, il ne se souvient pas de ce qui concerne les autres états. La fugue psychogène ou dissociative mériterait l'appellation de fugue amnésique car si elle consiste, comme toute fugue, en un départ inattendu, elle comporte de plus la perte de l'identité.

Le sujet ne sait plus qui il est, ni d'où il vient, ni qui est sa famille. C'est le *voyageur sans bagage* de la littérature. Il conserve sa mémoire sémantique et peut ainsi s'orienter et prendre soin de lui-même, mais il ne se souvient plus de son histoire passée. Son attitude vis-à-vis de son amnésie est variable avec, en général, un caractère particulier : le sujet, tout en disant vouloir retrouver son passé, s'efforce de faire échouer les tentatives de ceux qui veulent l'aider à faire des recherches, manifestant ainsi une résistance (consciente ou non ?) pour retrouver son identité.

Ces troubles ont toutes les caractéristiques des manifestations hystériques. Il faut s'assurer qu'ils ne relèvent pas d'une cause organique ou toxique et il convient de prendre en compte le contexte psychologique, c'est-à-dire les conditions d'installation des symptômes, l'état psychique qui les accompagne et les bénéfices secondaires. Souvent le trouble s'installe à la suite d'un stress psychologique ou d'une crise émotionnelle. L'état psychique est variable, parfois il est très évocateur d'une personnalité hystérique, d'autres fois non. Les bénéfices secondaires ont toujours une valeur pronostique. La durée des épisodes est variable et peut être assez longue. La terminaison peut être brusque ou progressive.

Les conversions somatiques

Le fait que la tendance actuelle soit d'étudier les conversions séparément de la personnalité n'a pas que des inconvénients et a même des avantages. Il est vrai, en effet, qu'il existe des personnalités hystériques sans trouble somatique et inversement. Tant qu'on ne sera pas sûr qu'elles font partie de la même maladie, il vaut mieux les analyser indépendamment et il sera toujours possible de les unir à nouveau si cela s'impose. Mais, sans attendre cette éventuelle synthèse, pourquoi se priver de quelques critères que la psychanalyse met à notre disposition ?

Les classifications internationales emploient pour les désigner le terme de conversion, mais sans faire de lien avec l'hystérie. Elles les distinguent des autres troubles dits « somatoformes » (somatisations, hypocondrie, douleurs d'origine psychique) par trois critères : 1) ce sont des altérations motrices, sensitives ou sensorielles comparables aux troubles dus à l'atteinte du système nerveux (paralysies, anesthésies, troubles de l'équilibre, cécité, surdité, aphonie, crises convulsives...), 2) qui ne sont pas expliquées (totalement ou partiellement) par une cause médicale et 3) qui semblent liées à des facteurs psychologiques car « leur survenue ou leur aggravation est précédée par des conflits ou d'autres facteurs de stress » (DSM). À cela s'ajoutent des critères qui vont de soi : absence de simulation, durée et degré de gravité suffisants. On voit que le lien avec des facteurs psychiques est évoqué seulement par la succession dans le temps du problème psychique et de la conversion, sans que soit tentée la moindre hypothèse sur un mécanisme qui pourrait les unir. Par ailleurs la limitation des troubles aux fonctions sensori-motrices est purement conventionnelle. Chose beaucoup plus importante, le critère principal est négatif : c'est le fait de ne pas trouver d'explication médicale qui conduit à se rabattre sur une explication psychogénétique (d'où le conseil de prudence de la CIM-10 : « Le diagnostic doit rester probable ou provisoire tant qu'un doute persiste »). Il est rare qu'un syndrome soit ainsi défini négativement.

Il serait plus satisfaisant de disposer de critères positifs. Or la psychanalyse en propose. Elle ne les a pas inventés totalement car des chercheurs les avaient déjà évoqués, mais sa conception théorique les a mis en évidence. Ils ne relèvent pas de l'interprétation, seulement d'une observation attentive. Pourquoi les ignorer ?

Elle interprète la conversion comme une tentative de résolution d'un conflit psychique. Des représentations intolérables seraient refoulées et la libido serait transformée en énergie d'innervation. Ce mécanisme paraît bien théorique, mais la notion de résolution de conflit est intéressante si on la rapproche de la *belle indifférence* décrite par Charcot. Le qualificatif *belle* infléchit le sens d'*indifférence,* il s'agit plutôt de sérénité. Ces sujets ne sont pas qu'indifférents, ils sont heureux. Ils ne sont pas soucieux de leur maladie et ne demandent pas qu'on les guérisse. La notion de conflit résolu donne une explication à cette sérénité. Le sujet libéré d'une situation pénible est apaisé. Cette sérénité ou *belle indifférence* est très caractéristique. Ces sujets ont un abord très différent de celui des hypocondriaques ou des malades qui se plaignent de telle ou telle affection. Ils sont apaisés et détendus. C'est un symptôme très évident et il constitue un critère positif pour le diagnostic.

Une autre piste de réflexion est donnée par la notion d'état hypnoïde proposée par Freud, dans les *Études sur l'hystérie* écrites en commun avec Breuer. « Cet état serait tel que les contenus de conscience qui y apparaissent n'entrent que peu ou pas en liaison associative avec le restant de la vie mentale... [il] introduit un clivage au sein de la vie psychique, le phénomène constitutif de l'hystérie. » Cette notion a été reprise ensuite sous la dénomination de *troubles dissociatifs*. Le DSM IV utilise cette terminologie mais considère que les conversions n'en relèvent pas. En revanche, pour la CIM-10, trouble dissociatif ou de conversion sont synonymes et la définition qu'elle en donne est comparable à celle du clivage de la vie psychique de Freud : « Les divers troubles dissociatifs (ou de conversion) ont en commun une perte partielle ou complète des fonctions normales d'intégration des souvenirs, de la conscience de l'identité ou des sensations immédiates, et du contrôle des mouvements corporels. » Mais elle n'envisage pas comment cela se manifeste en clinique. Les cliniciens de la fin du XIXe siècle avaient décrit un *oubli de la fonction* qui correspond bien à un défaut d'intégration d'une fonction. Prenons l'exemple d'une paralysie du bras. En cas de cause organique, le patient peut décrire avec précision son déficit moteur, dire s'il prédomine à la main ou à l'épaule, s'il est total ou partiel, s'il varie dans la journée, s'il progresse ou s'atténue. En cas de conversion, cette précision est impossible, le sujet montre son bras comme une région de son corps globalement atteinte et dont il est incapable d'analyser le dysfonctionnement. La zone paralysée n'est pas intégrée dans son schéma corporel. Voilà encore un signe positif, plus fiable que l'absence de cause organique.

Enfin intervient un mécanisme psychique majeur, celui du rôle des *bénéfices secondaires* que le sujet retire de sa conversion. Ce mécanisme peut être présent dans toute pathologie mais il est particulièrement opérant ici. Il est toujours important de rechercher ce qu'obtient le patient grâce à son état : la résolution d'une situation difficile, la fuite d'une responsabilité, une sollicitude de ses proches, un pouvoir sur son entourage... Repérer un tel bénéfice conforte le diagnostic de conversion et surtout a un intérêt pronostique : si le bénéfice secondaire est trop important le patient ne pourra pas guérir.

Ainsi ce n'est pas parce que le bilan organique ne met en évidence aucune lésion qu'on est en droit de dire qu'il s'agit d'une conversion. C'est parce que le sujet présente une belle indifférence, un oubli de la fonction et aussi des bénéfices secondaires qu'il est justifié de le faire. À tel point que même la présence de signes d'organicité ne contredit pas le diagnostic car une conversion peut être associée à une lésion. Une telle lésion peut être le point d'appel ; on parle d'*épine irritative organique*. Elle explique le choix de la localisation du trouble, mais les symptômes vont au-delà de ce qu'elle entraîne habituellement et sont amplifiés par le phénomène de conversion. Rien n'empêche l'association d'une conversion et d'une lésion.

La psychanalyse comble ainsi le vide que laissent les classifications internationales qui ne proposent aucun signe positif comme critère des conversions. Ce n'est pas rien.

LES ATTAQUES DE PANIQUE N'ONT PAS REMPLACÉ LES ANGOISSES NÉVROTIQUES

Comme pour la névrose obsessionnelle, la découverte de corrélations entre l'anxiété et des facteurs biologiques a détrôné la conviction que l'origine de l'angoisse était toujours psychologique, mais cela n'est pas allé jusqu'à l'affirmation qu'elle est toujours d'origine biologique. Sans doute l'expérience de tout un chacun de périodes d'anxiété déclenchées et résolues par des mécanismes purement psychologiques a empêché les chercheurs de franchir ce pas comme certains l'ont fait pour les TOC. Il est admis que les causes de ce trouble peuvent être psychologiques ou biologiques. Les questions qui se posent concernent la place respective des deux étiologies et l'explication des mécanismes psychologiques lorsqu'ils sont en cause. La psychanalyse peut aider à répondre à ces deux questions.

L'anxiété est-elle une maladie ?

Considérer l'anxiété comme une maladie est une acquisition scientifique tardive, elle date seulement de la seconde moitié du XIXe siècle. Bénédict-Augustin Morel, à la suite d'une expérience personnelle d'angoisse aiguë (la première attaque de panique publiée !), regroupe les troubles anxieux sous le nom de *délire émotif* qu'il interprète comme une « névrose du système nerveux ganglionnaire viscéral » (1866), mais le terme de névrose ne s'impose pas. En 1869, Béard crée le terme de *neurasthénie* pour désigner des états d'asthénie chronique et, dès lors, les psychiatres intègrent dans ce syndrome tous les états d'angoisse jusqu'à ce que Freud les en distingue dans un article célèbre : « Du bien-fondé à séparer de la neurasthénie un complexe de symptômes déterminé en tant que névrose d'angoisse » (1895). Cette notion s'impose rapidement et jusqu'en 1980 tout trouble anxieux est considéré comme une forme de *névrose d'angoisse*. Ce terme convient très bien pour les états d'anxiété chronique et on utilise pour les troubles aigus le terme de *crises d'angoisse névrotiques aiguës*. Il y avait un consensus sur les manifestations et tous les traités décrivaient l'association d'un affect (l'anxiété), de fantasmes (idées de danger, de mort...) et de symptômes somatiques (tremblements, palpitations, sensations d'étouffement, sudation, nausées...).

On admettait une angoisse d'origine organique, celle qui apparaissait au cours d'affections organiques comme l'infarctus du myocarde ou l'asthme (on avait tendance à lui réserver le terme d'angoisse et à utiliser celui d'anxiété pour les troubles d'origine psychique). On mettait aussi à part l'angoisse liée aux psychoses. En dehors de ces cas particuliers, on ne concevait pas une anxiété pathologique qui ne fût pas névrotique. On reconnaissait qu'elle avait des manifestations neuroendocriniennes, mais on en faisait des conséquences et non une cause.

À partir de 1980, tout change. Le DSM III, puis la CIM-10 abandonnent la référence à la névrose. Dans la logique de leurs options méthodologiques, les auteurs décrivent des syndromes sans leur attribuer d'origine. Comme nous l'avons vu pour les autres troubles névrotiques, cette mise à l'écart de la névrose n'était pas un rejet, mais une position d'attente en l'absence de consensus et cela a été compris comme la négation de sa réalité.

Les deux types d'anxiété

Dans cette évolution des conceptions interviennent deux facteurs : l'option méthodologique des classifications de décrire sans interpréter et la découverte de facteurs biologiques corrélés à l'anxiété.

Ces classifications répertorient séparément les crises aiguës, dénommées *attaques de panique* et les états chroniques appelés *anxiété généralisée*. L'originalité n'est pas la description de ces *attaques*. Elles étaient connues depuis longtemps. On en trouve déjà un exemple dans les *Études sur l'hystérie* de Freud : sa patiente Katharina décrit ainsi ses crises : « Ça me vient tout à coup. Je sens d'abord comme une pression sur les yeux, j'ai la tête lourde et un bourdonnement à n'y pas tenir et puis j'ai des vertiges comme si j'allais tomber et je me sens un poids sur la poitrine à en perdre la respiration… J'ai la gorge nouée comme si j'allais étouffer… Je m'imagine que je vais mourir… » Les traités donnaient des descriptions équivalentes. La nouveauté est que les *attaques* et les états chroniques sont décrits comme deux entités séparées alors que jusqu'ici on avait toujours considéré qu'il s'agissait d'une seule entité comportant une forme permanente et des crises.

Cette séparation permettait de tenir compte de la notion nouvelle d'une anxiété d'origine biologique. Cette notion est curieusement venue assez tard. Lorsque étaient apparus les anxiolytiques (le méprobamate en 1955 et les benzodiazépines ensuite), on aurait pu penser que, puisque des médicaments agissaient, cela prouvait que le trouble était organique (comme on le fera pour la névrose obsessionnelle). Mais cela n'a pas été franchement soutenu. On ne voyait pas d'incompatibilité entre une cause psychologique et l'efficacité d'un médicament. N'avait-on pas d'ailleurs l'expérience que l'alcool faisait de même ? Et cela n'avait pas remis en cause la notion de névrose.

En 1962, D. Klein et M. Fink[8] publient un article retentissant dans lequel ils rapportent qu'ils ont traité par l'imipramine (le premier antidépresseur connu) des patients atteints d'*attaques de panique* et qu'ils ont constaté que ce médicament supprimait les *attaques*, mais laissait subsister une anxiété *anticipatoire*, le malade redoutant la survenue de nouvelles crises, laquelle anxiété anticipatoire pouvait être atténuée par les benzodiazépines. Ainsi se dégageait la notion, confirmée par la suite, de deux types d'anxiété, l'une améliorée par l'imipramine (et les autres antidépresseurs) et réfractaire aux anxiolytiques et l'autre pour laquelle c'était l'inverse. Il y avait dans ce dernier cas l'*anxiété anticipatoire* et l'*anxiété généralisée*. Et quand, plusieurs années plus tard, le DSM a décrit séparément les attaques de panique et l'anxiété généralisée, cela était compatible avec ces notions.

---

8. Klein D. F., Fink M., « Psychiatric reaction patterns to imipramine », *Am. J. Psychiatry*, 11, 1962, p. 432-438.

Sheehan[9], de son côté, a proposé de distinguer deux types d'angoisse : l'angoisse exogène, symbolique, liée aux expériences passées et l'angoisse endogène, asymbolique, liée à des facteurs génétiques et biologiques. L'angoisse exogène correspond à l'angoisse névrotique. L'angoisse endogène est considérée comme une maladie autonome : elle débute entre 20 et 30 ans, le premier symptôme est une attaque de panique intense, puis les attaques se reproduisent et s'installe alors, entre les crises, un état anxieux permanent dû à la crainte de nouvelles crises, ce qui entraîne souvent une agoraphobie liée à la peur d'avoir une crise à l'extérieur, enfin peuvent survenir une dépression, un alcoolisme, des abus médicamenteux. Confirmant les constatations de Klein, Sheehan indique que les antidépresseurs sont plus efficaces que les anxiolytiques pour l'anxiété endogène alors que c'est l'inverse pour l'anxiété exogène.

Cette question a suscité de multiples publications depuis trente ans. Il y a eu des polémiques. On a critiqué la dissociation des états permanents et des crises. On a contesté la spécificité des chimiothérapies. On a minimisé la fréquence de l'évolution des attaques de panique vers la dépression. Il reste néanmoins la notion que l'anxiété n'est pas toujours d'origine psychique et qu'elle peut survenir comme une maladie autonome, d'origine organique, comparable à la migraine, à l'asthme ou au diabète. On a abouti ainsi à la notion de deux types d'anxiété pathologique selon leur origine génétique et biologique (endogène) ou psychologique et réactionnelle (exogène).

9. Sheehan D. V., Sheehan K. H., « The classification of anxiety and hysterical states », *J. Clin. Psychopharmacology*, 2, 6, 1982, p. 386-393.

Les angoisses d'origine psychologique

Une fois cette dualité admise, le chantier de l'explication des mécanismes en cause reste ouvert. On vivait sur les modèles psychanalytiques, mais d'autres ont été proposés, notamment d'inspiration cognitivo-comportementale.

Ces derniers reposent sur le concept général des schémas cognitifs. Ces schémas feraient une sélection des stimuli selon une modalité qui privilégie leur aspect dangereux. Tous les aspects qui pourraient être rassurants sont éliminés. Dans une situation donnée, le sujet amplifie les risques qu'elle comporte. Les processus de traitement de l'information ajoutent des distorsions cognitives avec maximalisation du danger et minimalisation de la sécurité. Les événements cognitifs qui en résultent sont des monologues intérieurs et des images d'anticipation du danger : le risque de mourir, la catastrophe familiale, la perte de la raison... Les plans d'action tendent à se protéger de ces dangers et aboutissent à des comportements d'évitement ou d'isolement qui renforcent les schémas de départ. Ces notions sont d'un grand intérêt d'autant plus qu'on peut en tirer une orientation thérapeutique : en aidant le sujet à découvrir ses schémas cognitifs pathologiques on lui permet de les corriger.

Que peut apporter de plus la psychanalyse ? Elle a été contributive car la démarche cognitiviste est directement dans l'orientation psychanalytique de la conception de fantasmes préconscients qui sous-tendent l'anxiété et dont la reconnaissance par le sujet lui permet une certaine correction. Que cette filiation ne soit pas reconnue est regrettable, mais peu importe, elle a été l'occasion d'un progrès pour la psychiatrie. On ne peut que s'en réjouir.

Cela dit, le cognitivisme n'a pas gardé tout de la psychanalyse et il y a un reste qui pourrait être utile. Pourquoi le négliger ? Ce reste peut aider à l'identification des diverses formes d'anxiété et à leur traitement.

Il n'est pas sans intérêt de situer un syndrome anxieux (une névrose d'angoisse pour la psychanalyse) parmi les diverses organisations névrotiques car il en découle des orientations de prise en charge qui sont à adapter. Les frontières avec les autres névroses posent quelques problèmes. Il est souvent difficile de distinguer la névrose d'angoisse de la névrose phobique. La différence clinique entre les deux tient au fait que, dans la première, l'anxiété est diffuse alors que dans la névrose phobique elle est fixée sur un objet. En pratique les deux types de manifestations sont souvent associés. Il faut en tenir compte. Une autre frontière délicate existe avec l'hystérie. Freud a proposé de la fixer à l'aide de sa distinction entre les *névroses actuelles* et les *névroses de transfert*. Les *névroses actuelles* n'ont pas leurs racines dans l'enfance, mais sont dues à un excès de tension par insatisfaction sexuelle et à une insuffisance d'élaboration psychique de cette tension. Les *névroses de transfert* sont dues à une fixation à un stade précoce de l'évolution libidinale, comme nous l'avons vu. Pour lui la névrose d'angoisse était une névrose actuelle et l'hystérie une névrose de transfert. Même si l'on n'accepte pas l'hypothèse de l'insatisfaction sexuelle cause du trouble, on a intérêt à distinguer les anxiétés dues à un problème *actuel*, c'est-à-dire les anxiétés réactionnelles, et les anxiétés liées à la profondeur de la personnalité, c'est-à-dire les vraies névroses d'angoisse.

Pour le traitement psychothérapique, la psychanalyse apporte d'abord que selon qu'il s'agit d'une anxiété réactionnelle ou d'une vraie névrose, ce n'est pas le même niveau de psychothérapie qui est souhaitable. Dans le premier cas, une technique proche de celle du cognitivisme convient et dans le second il vaut mieux un travail plus profond. Elle apporte aussi des éléments de compréhension car s'il est intéressant de mettre au jour les schémas cognitifs pathologiques pour que le sujet les abandonne, il peut être utile de découvrir pourquoi ils se sont imposés, c'est-à-dire quel est leur sens. Par exemple, si un sujet « maximalise tous les stimuli dangereux », il peut ne pas suffire de le lui faire remarquer pour qu'il cesse de le faire. Il peut reconnaître ce processus sans pouvoir s'empêcher de s'y soumettre. Lui permettre de remonter dans les souvenirs de son enfance et d'y découvrir tel conflit ou telle situation qui l'a fortement angoissé peut l'aider à trouver le sens de ce processus et à partir de là le corriger.

La réalité clinique complexe

Une fois admis que les troubles anxieux peuvent avoir deux origines différentes, l'utilisation de ces notions n'est pas toujours aisée. Car, si les modèles sont clairs et spécifiques, la réalité clinique est souvent plus complexe. Une même manifestation pathologique peut être liée à une cause ou à une autre et il y a beaucoup de formes où les deux types de facteurs sont associés. Les attaques de panique ne surviennent pas toujours chez des sujets psychiquement sains. Ils ont souvent été nerveux, anxieux, timides dans leur enfance. Leurs relations avec leurs parents étaient souvent marquées par la crainte et un sentiment d'infériorité. Le déclenchement de la première attaque se fait souvent à la suite d'un stress. Cela témoigne d'une personnalité qui a des traits névrotiques et il devient difficile d'interpréter ces attaques de panique comme purement endogènes.

Cela pose un problème thérapeutique car il est plus justifié de conseiller une chimiothérapie en cas d'anxiété endogène et une psychothérapie en cas d'anxiété névrotique, mais cette règle n'est pas absolue. Des formes endogènes peuvent bénéficier de psychothérapie et des formes névrotiques de chimiothérapie. Le choix doit reposer surtout sur les capacités du patient à entreprendre un travail sur lui-même. Quant au choix de la technique psychothérapique, il dépend à la fois de l'orientation du psychothérapeute et de la nature du trouble. Chaque praticien applique la technique dans laquelle il est compétent et le même patient peut tirer bénéfice de prises en charge différentes. Mais, en même temps, l'idéal est de choisir la méthode la plus adéquate au type d'anxiété et, nous l'avons vu, le cognitivisme et la psychanalyse n'ont pas exactement les mêmes indications.

CHAPITRE 4

La psychiatrie méconnaît la perversion

Perversion, mot tabou. On l'utilisait autrefois, il est devenu proscrit. Il existait encore dans la classification française des troubles mentaux en 1968. Dans les traités et manuels de psychiatrie de langue anglaise il a disparu à partir des années 1970. Il a persisté en France quelques années puis il a été banni. Dans le passé il désignait un des trois grands cadres de la nosologie psychiatrique à côté des névroses et des psychoses. Comment une catégorie aussi majeure a-t-elle pu sombrer ? Et par quoi a-t-elle été remplacée ?

LES RAISONS DE LA MÉCONNAISSANCE

Dès 1975, la CIM-9 n'employait plus ce terme et parlait prudemment de *déviations et troubles sexuels*. Dans les DSM successifs depuis 1980, il est remplacé par *paraphilie* (*à côté de* et *amour*), terme plus anodin que perversion. Dans les ouvrages français, il se maintient encore un peu, généralement dans la formule *perversions sexuelles,* mais il est de moins en moins utilisé.

Certes ce terme a dans le langage courant un sens péjoratif, mais d'autres qualificatifs psychiatriques ont aussi un même sens péjoratif : hystérique (et tout autant histrionique), narcissique, sadique, masochiste... et pourtant les psychiatres continuent de les utiliser. Pour perversion ils rechignent à le faire car le terme leur paraît impossible à comprendre par le public et ils estiment plus politiquement correct de ne pas l'employer (surtout depuis la loi du 4 mars 2002 qui permet la consultation directe de son dossier par le patient !).

Toutes ces réticences n'empêchent pas les perversions d'exister ! Comment sortir de cette impasse ? Ici encore la psychanalyse donne les concepts qui permettent de le faire.

Les impasses des critères objectifs

Lorsqu'il arrive aux ouvrages de psychiatrie de parler de perversion, ils la définissent à l'aide de critères objectifs. Freud le premier. Dans les *Trois Essais sur la théorie de la sexualité* en 1905, il décrit les perversions par anomalie de choix d'objet et les perversions par anomalie de but. L'anomalie de choix d'objet permet de les distinguer de l'acte sexuel *normal,* avec un partenaire de sexe opposé, d'âge comparable, etc. S'il n'y a pas de partenaire c'est l'autoérotisme. Si le partenaire n'est pas de sexe opposé, c'est l'homosexualité. S'il n'est pas d'âge comparable, c'est la pédophilie ou la gérontophilie. S'il est apparenté, c'est l'inceste. S'il est mort, c'est la nécrophilie. L'anomalie de but permet de repérer les actes dans lesquels le plaisir est obtenu autrement que par pénétration sexuelle. Ce sera par une relation visuelle dans le voyeurisme et l'exhibitionnisme ou à l'occasion d'une douleur dans le sadisme ou le masochisme. Jean Laplanche et Jean-Bertrand Pontalis, dans leur *Vocabulaire de la psychanalyse,* font de même. Pour eux la perversion est une « déviation par rapport à l'acte sexuel *normal* défini comme coït visant à obtenir l'orgasme par pénétration génitale avec une personne du sexe opposé ». Ils précisent qu'il est difficile de définir la perversion autrement que par une référence à une norme. On voit que même des psychanalystes abordent les perversions par la description de comportements. Mais la théorie freudienne permet de ne pas en rester là.

Une telle classification clinique, si elle est utile pour répertorier des faits d'observation, est insuffisante pour expliquer ce qu'est la perversion. On sait, en effet, que l'homosexualité, la pédophilie, la gérontophilie, l'inceste, etc., peuvent être autant névrotiques ou psychotiques que pervers, que la nécrophilie est généralement psychotique, que le plus grave des sadismes, le sadisme meurtrier, est le plus souvent psychotique, etc. Par ailleurs elle laisse croire que tout coït qui remplit les conditions objectives normales exclut toute perversion. Pourtant l'acte sexuel le plus normal peut très bien être sous-tendu par des processus affectifs pervers. Cette manière de voir est donc insuffisante, elle classe dans la perversion des conduites qui n'en relèvent pas et en exclut d'autres qui en font partie.

La psychiatrie n'envisage pas la notion de plaisir pathologique

L'idée de maladie est tellement liée à celle de souffrance que la psychiatrie peine à concevoir des maladies qui ne seraient pas douloureuses et encore plus des maladies qui seraient source de plaisir. Dans la liste des critères définissant les diverses *paraphilies*, le DSM inclut que les troubles doivent être « à l'origine d'une souffrance cliniquement significative ou d'une altération du fonctionnement social, professionnel ou dans d'autres domaines importants ». La pathologie ne peut être que pénible à supporter, elle doit être douloureuse ou avoir des conséquences fâcheuses. (Remarquons toutefois que la CIM-10, qui a suivi le DSM dans l'abandon du terme perversion, qu'elle a remplacé par *trouble de la préférence sexuelle* et non par *paraphilie*, ne va pas jusqu'à exiger la souffrance ou une altération du fonctionnement social ou professionnel pour parler de pathologie.) Cette position ne tient pas seulement à la crainte de stigmatiser le malade par l'*accusation* de perversion, elle témoigne d'une conception doloriste de la maladie. Celle-ci ne peut que faire souffrir. Considérer que quelqu'un est malade parce qu'il a du plaisir de façon anormale serait attenter à sa liberté. Il a bien le droit de jouir comme il le veut ! Les psychiatres ont pourtant l'habitude de considérer que l'euphorie des maniaques est signe de pathologie. Mais ils ont de la peine à porter la même appréciation pour les pervers.

Le fait que ces sujets ne se plaignent pas et ne consultent pas accroît la réticence de beaucoup à les considérer comme malades. Pourtant la plainte n'est ni une condition nécessaire ni une condition suffisante à la maladie. Dans bien d'autres pathologies, certains se plaignent sans être atteints et d'autres sont satisfaits quoique malades. Et on sait bien que les psychiatres ne s'occupent pas seulement de ceux qui les consultent. En cas d'hospitalisation sans consentement ou d'injonction de soins ou quand l'entourage demande de l'aide pour un malade qui refuse tout traitement, le psychiatre est sollicité pour agir auprès de quelqu'un qui ne lui demande rien. Ce n'est pas pour cela qu'il ne peut rien faire. Et d'ailleurs même si c'était le cas, ce n'est pas parce qu'une maladie est incurable qu'elle cesse d'être une maladie et qu'elle ne doit pas être décrite dans les traités de pathologie.

Enfin, troisième difficulté – très étonnante : beaucoup ont, tout autant que les auteurs du DSM, de la difficulté à formuler les raisons pour lesquelles la perversion serait un trouble psychique. Pourtant ces raisons sont claires : un tel fonctionnement affectif ne remplit pas les conditions de richesse, de souplesse et de sensibilité que nous avons vu être des critères de santé psychique. Ce n'est pas parce que ces sujets éprouvent un plaisir de façon particulière qu'ils sont malades, mais parce qu'ils ne peuvent en éprouver que de cette façon. Le sujet sain d'esprit qui se procure les mêmes plaisirs, mais passagèrement, par exemple dans les phases préliminaires de l'amour, peut aussi avoir d'autres types de plaisir. Son système affectif est suffisamment souple pour s'adapter. Le malheur du pervers est de n'être que pervers et de ne pas pouvoir agir autrement.

Il n'y a pas de raison pour culpabiliser le projet de soigner ces patients. Quand on traite un maniaque on sait que c'est lui rendre service même si on le prive de son euphorie. Le médecin est alors tout autant bon Samaritain que lorsqu'il apaise une souffrance. Il en est de même dans le cas de la perversion. Aider le patient – lorsque cela est possible – à progresser vers la santé psychique est lui rendre service même si cela lui fait abandonner certaines expériences de jouissance. C'est lui permettre d'élargir son champ de sensibilité affective.

On peut remarquer au passage que la clinique psychiatrique n'est pas défaillante seulement pour le plaisir pervers, elle l'est pour toutes les modalités de plaisir. Elle décrit les affects désagréables mais pas les affects agréables. Elle analyse l'anxiété, ses composantes somatiques et psychiques, elle distingue les éprouvés dépressifs : manque d'intérêt, culpabilité, découragement, honte, etc. Mais elle ne s'intéresse au plaisir et à l'euphorie qu'à propos de la manie. En dehors de cette affection, elle ne s'y intéresse que lorsqu'il manque ou est troublé : baisse du désir sexuel, de l'excitation sexuelle, de l'érection, de l'orgasme... Il n'y a pas de description clinique des modalités de plaisir et de ses manifestations. Il y aurait pourtant, aussi bien que pour les affects pénibles, matière à des analyses qualitatives et quantitatives. La satisfaction liée à un soulagement est à distinguer de la jubilation. Le plaisir conscient et avoué est à distinguer du plaisir gardé secret. Le plaisir furtif est à distinguer de l'état élationnel. La capacité à jouer de tous les registres des modalités de plaisir (allant de l'oralité au plaisir esthétique et au plaisir génital) est à distinguer de la situation appauvrie des sujets dont les possibilités de plaisir sont étroitement limitées à quelques modalités. Tout se passe comme si un surmoi interdisait aux cliniciens toute incursion dans ce domaine.

À tel point qu'ils en viennent à méconnaître le plaisir qu'éprouvent leurs patients. Les travaux psychanalytiques, notamment ceux d'Évelyne Kestemberg et coll., sur l'anorexie mentale[1] ont mis en évidence dans certaines formes la recherche du plaisir de la faim, plaisir de nature masochiste, à l'origine du refus d'aliments. Mais les manuels de psychiatrie n'ont pas intégré ce symptôme dans leur tableau clinique. Autre exemple, les systémiciens nous ont apporté le concept d'injonction paradoxale. Il s'agit d'un ordre donné à un sujet et qu'il lui est impossible d'exécuter (c'est

1 Kestemberg É., Kestemberg J., Decobert S., *La Faim et le Corps*, Paris, PUF, 1972.

le cas de l'injonction d'un parent à un enfant : « Sois spontané », celui-ci est dans l'impossibilité de l'être puisque s'il l'est c'est sur ordre, donc il ne l'est plus). Ces auteurs décrivent ce que fait le donneur d'injonction et non ce qu'il ressent en le faisant. Pourquoi ne se le demande-t-on pas ? Il est clair qu'il éprouve un plaisir dans cette domination de l'autre. En général, le plaisir est interprété grâce à des concepts beaucoup plus innocents. Dans un contexte relationnel évoquant l'hystérie, si le sujet paraît heureux, on parlera de *belle indifférence* et on s'interdira de se demander s'il ne s'agit pas plutôt de jubilation. Dans un contexte psychotique, si le sujet paraît calme, maître de lui, sans angoisse, on parlera d'indifférence affective et on se gardera bien de chercher à savoir s'il n'éprouve pas une jouissance secrète. Il doit bien y avoir chez nous, psychiatres, un relent de culpabilité judéo-chrétienne pour que nous nous imposions tant d'interdits.

Ainsi le plaisir ne fait pas partie de notre champ d'étude. Soit nous le considérons comme un signe de normalité et nous refusons d'en faire un symptôme. Soit nous le situons dans le domaine moral et nous pensons que l'analyser serait porter un jugement désapprobateur. Or, si le plaisir a sa place dans la santé mentale, il l'a aussi dans la pathologie. Il ne suffit pas d'éprouver du plaisir pour ne pas être malade. Pour résumer notre thèse, disons que la santé psychique comporte la possibilité d'éprouver des plaisirs divers, successifs, stimulant la créativité et les échanges affectifs et qu'un registre de plaisir réduit à une modalité exclusive et stéréotypée, ce qui est le cas de la perversion, est une infirmité. Même si le sujet ne demande pas de l'aide, cela doit nous intéresser. La première démarche à faire est l'élaboration du concept de perversion.

LA PERSISTANCE DES JOUISSANCES ARCHAÏQUES

Le premier critère de définition dont nous partirons est : la perversion est un trouble de l'obtention du plaisir d'excitation. Nous avons déjà vu la distinction nécessaire entre plaisir par abaissement de tension et plaisir d'excitation. Le plaisir par abaissement de tension est celui éprouvé lorsque s'atténue une sensation pénible : apaisement de la faim ou de la soif par de la nourriture ou une boisson, obtention d'un objet convoité... Ce peut être la satisfaction d'un besoin ou la satisfaction d'une demande. Il existe, avant la satisfaction, des sensations ou des affects désagréables qu'elle fait cesser. À l'opposé le plaisir d'excitation est dû à un état de tension. Le plaisir sexuel est le cas exemplaire. L'excitation peut avoir des intensités variables. Dans les préliminaires de l'acte sexuel l'excitation est modérée et peut se prolonger. L'orgasme, en revanche, se caractérise par l'intensité de l'excitation et sa brève durée (de plus, il est suivi par un deuxième plaisir – moins intense –, un plaisir d'abaissement de tension). Un tel plaisir d'excitation n'est pas réservé exclusivement aux relations sexuelles. Le plaisir de fonctionnement dans une activité physique ou intellectuelle, le plaisir esthétique devant une œuvre d'art ou à l'écoute d'une musique ou d'un poème, le plaisir de table en sont des exemples. Ces plaisirs d'excitation n'aboutissent pas à un orgasme, ils restent moins intenses et par là même se prolongent plus longtemps.

Le plaisir pervers, trouble des plaisirs d'excitation

Il correspond à la persistance d'un mode de fonctionnement archaïque. Nous avons vu plus haut que le développement libidinal de l'enfant comportait des étapes au cours desquelles il expérimentait des modalités successives de plaisir d'excitation d'abord très élémentaires comme le plaisir oral, puis de plus en plus complexes comme le plaisir sadique-anal et le plaisir génital. L'évolution dépend en partie du refoulement qu'impose le surmoi et en partie du dépassement progressif de ces modalités par les stades suivants, dépassement qui ne comporte pas la suppression de ces fonctionnements, mais en réduit l'importance et les laisse subsister sous forme atténuée à côté de nouvelles modalités plus différenciées. Ces premières expériences préludent à ce que sera le fonctionnement adulte avec l'orgasme sexuel et le grand éventail des multiples modalités de plaisir avec lesquelles l'adulte pourra jouer. Le fonctionnement est pervers lorsque ce développement et la hiérarchie des plaisirs qui en découlent sont bouleversés et qu'une des modalités archaïques persiste et devient prépondérante, voire exclusive. D'où vient cette perturbation ? Comme nous l'avons vu plus haut, Freud a imaginé un processus traumatique au cours du développement affectif : il y aurait, à un de ces stades archaïques, à l'occasion d'un traumatisme psychique, une fixation empêchant l'évolution habituelle. Ce mode de fonctionnement archaïque persisterait et s'il était dépassé, le psychisme, en cas de difficulté, aurait tendance à régresser à ce stade.

Cette conception est souvent critiquée. Pour en apprécier son intérêt il faut distinguer les deux idées qu'elle comporte. La première se veut explicative et concerne la cause :

le traumatisme qui entraîne la fixation ; la seconde se veut descriptive : le fonctionnement affectif pervers qui en découle et qui est la persistance de ce mécanisme de plaisir précoce. Même si on rejette la première, on a tout intérêt à conserver la seconde. Quelles que soient les causes du trouble, il est indéniable qu'il entraîne des jouissances comparables à celles qui sont éprouvées au cours des stades archaïques du développement. Même si cela n'est pas dû à une fixation, tout se passe *comme si* c'était le cas. Et le modèle, certes réducteur (comme tout modèle), permet une meilleure compréhension de l'économie perverse.

Ce fonctionnement archaïque est à la fois économique et fantasmatique. Le plaisir oral est certes physiologique, mais aussi étayé sur des représentations : l'image de la mère, ses marques d'affection, ses paroles. Le plaisir sadique-anal associe encore plus de fantasmes : désir d'agresser, satisfaction de dominer, de maîtriser son corps... Et, notion freudienne fondamentale, le fonctionnement pervers ne comporte pas de conflit intrapsychique car il n'y a pas de refoulement. C'est en ce sens que la perversion est l'inverse de la névrose (Freud disait que la névrose était le négatif de la perversion). La fixation prégénitale a empêché la constitution du surmoi par évitement de la crise œdipienne. Aussi n'y a-t-il ici aucune angoisse. Le pervers conserve en toute sérénité ses modes de fonctionnement archaïques. Il n'a pas introjecté les interdits par lesquels le surmoi du névrosé le culpabilise. Il a évité l'angoisse de castration puisqu'il n'a pas abordé le conflit œdipien. Il transgresse la loi. Elle n'est pas pour lui une exigence à laquelle il doit se soumettre. C'est au contraire lui qui veut imposer aux autres la sienne propre qui est celle de son plaisir. On ne peut pas dire qu'il méconnaît la loi car intellectuellement il est tout à fait capable de la comprendre, ni qu'elle lui est indifférente car il prend plaisir à la transgresser. Sa fixation prégénitale lui a permis d'éviter le débat entre ses désirs et la loi, d'échapper à toute soumission à elle et, au contraire, de se sentir supérieur.

Il faut redire que le caractère pathologique tient à la prépondérance d'un tel fonctionnement de type archaïque. Le sujet psychiquement sain peut fonctionner par moments sur de tels modes pervers. Mais ils ne sont qu'une des cordes à son arc des possibilités de jouissance. Par ailleurs, la réalité clinique n'est jamais aussi simple que ce modèle. En général, le fonctionnement pervers est intriqué à d'autres. Il peut n'être qu'une composante mineure, il peut apparaître comme un mécanisme de défense contre l'angoisse ou comme un processus de compensation, etc. Son degré de pathologie dépend de la place qu'il occupe dans la vie psychique.

Plaisirs archaïques et développement libidinal

Ce sont ceux que Freud a décrits dans ses stades du développement libidinal. Chacun peut donner naissance à un type de perversion ou, pour le dire autrement si on ne croit pas à cette psychogenèse, chacun peut servir de modèle à un type de perversion. Nous avons vu que ces expériences précoces de plaisir pouvaient persister dans la suite de l'évolution, mais sous une forme plus modérée du fait de l'apparition de modalités de plaisir nouvelles et aussi et surtout parce que le surmoi les refoulait, au moins partiellement. Puisque dans l'évolution perverse c'est justement ce refoulement qui manque, on comprendra que ce sont les plaisirs habituellement les plus refoulés qui sont le plus susceptibles d'être à l'origine de perversions.

Reprenons, avec cet éclairage, les stades du développement libidinal. Nous avons vu que les divers plaisirs d'excitation que l'enfant éprouve sont les étapes de la maturation de sa vie érotique qui aboutiront à son aptitude au plaisir génital.

L'autoérotisme, que nous avons vu possible dès le stade oral et qui sera plus important plus tard, sera fortement combattu par l'éducation et donc refoulé. Il pourra, si ce refoulement ne se produit pas, constituer une dimension majeure d'un processus pervers.

Le plaisir oral est, lui, beaucoup moins contrecarré par l'éducation. Il est facilement toléré. La gourmandise est considérée comme un défaut, mais n'est pas rangée parmi les perversions.

Pour bien comprendre le stade sadique-anal, il est utile de prendre en compte la division faite par Karl Abraham (1924) de ce stade en deux étapes[2].

Au cours de la première, le plaisir dominant est celui d'expulsion et au cours de la seconde s'ajoute celui de rétention. L'expulsion des matières fécales est source des deux types de plaisir, celui d'abaissement de tension par le soulagement qu'elle entraîne et celui d'excitation par le passage des matières fécales et par la satisfaction et la fierté d'avoir produit un objet (c'est l'expérience de la coprophilie !). À l'étape suivante l'acte de rétention entraîne le maintien de la tension de l'ampoule rectale qui est en principe désagréable, mais qui, si elle permet de se prouver sa maîtrise ou de manifester son agressivité en s'opposant aux désirs de sa mère, peut être source de jouissance. L'acte d'expulsion en

2. Abraham K., « Mélancolie et névrose obsessionnelle. Deux étapes de la phase sadique-anale du développement de la libido » (1924), *in Œuvres complètes*, tome II, Paris, Payot, 1966, p. 258-265.

est une autre source et permet aussi de manifester son agressivité. S'il veut se venger d'une frustration il a donc deux moyens : souiller ses couches ou se retenir. Il découvre qu'il peut contrarier sa mère, la faire souffrir, lui imposer sa volonté et jouir de tout cela (c'est l'expérience du sadisme !). L'éducation interdira peu le plaisir de rétention proprement dit, un peu plus l'attrait pour les matières fécales (l'éducation de la propreté est un objectif majeur des parents) et elle s'opposera fortement au sadisme. L'absence de cette répression laissera persister ces modalités de plaisir. Si Freud a appelé ce stade sadique-anal c'est bien parce qu'il a perçu que l'expérience sadique en était la dimension majeure. De fait le sadisme sera un des plus puissants moteurs d'un grand nombre de processus pervers.

L'expérience de la douleur

Il n'y a pas que ces plaisirs qui sont pour l'enfant l'occasion d'éprouver ses premiers émois érotiques. Il y a une autre occasion moins reconnue. C'est l'expérience de la douleur. Freud a brillamment théorisé ce processus. Dès 1905, dans les *Trois Essais sur la théorie de la sexualité,* il a affirmé qu'une douleur pouvait provoquer un effet érotique. Il écrit : « L'excitation sexuelle se produit, pour ainsi dire, comme effet marginal d'un certain nombre de processus internes, pourvu que ceux-ci aient atteint un degré suffisant d'intensité, surtout quand il s'agit d'émotions fortes, même si celles-ci sont de nature pénible. » Ainsi, très précocement, l'enfant fait l'expérience d'excitations à la fois douloureuses et sexuelles. En 1924, dans *Le Problème économique du masochisme,* il revient sur ce lien entre douleur et plaisir à propos de douleurs que le sujet s'impose à lui-même. Il utilise alors les concepts de pulsion de mort et de pulsion sexuelle qu'il a élaborés quelques années auparavant. Il estime que la pulsion de mort – ou de destruction – et la pulsion sexuelle se lient et forment un amalgame dont une partie est reportée à l'extérieur donnant le sadisme et une partie reste à l'intérieur de la personne constituant le masochisme primaire. Donc, qu'il s'agisse d'expériences précoces ou de l'effet de la pulsion de mort, il y a, dès le début de la vie psychique, intrication entre plaisir sexuel et souffrance. Ce processus n'est pas soumis au refoulement mais évolue vers une désintrication. Progressivement l'enfant apprend à distinguer les excitations agréables des excitations désagréables. Si cette désintrication est insuffisante, le sujet conserve ce fonctionnement, ce sera le masochisme. Nous allons voir que, comme le sadisme, il joue un rôle important dans un grand nombre de processus pervers.

Il n'est pas sans intérêt de s'attarder un peu sur cette notion d'intrication et de désintrication. Nous avons vu, à propos du plaisir d'abaissement de tension et du plaisir d'excitation, que le modèle freudien était des plus simples : toute tension est désagréable, tout abaissement est agréable. Nous avons montré l'intérêt de compléter cette théorie en considérant que les tensions ne sont pas toutes désagréables et qu'il y en a d'agréables. Nous avons alors considéré qu'il s'agissait de deux types d'excitation, indépendants l'un de l'autre. Cette notion d'intrication conduit à pousser plus loin la réflexion et à étudier ce qui les sépare et aussi ce qui les lie. C'est particulièrement important pour comprendre nombre de perversions. Cela l'est aussi pour comprendre l'économie affective du sujet sain. L'aboutissement de la désintrication, si elle était totale, serait la séparation claire et absolue de la douleur et du plaisir. Les choses ne sont pas aussi tranchées.

En premier lieu il n'y a pas une frontière étanche entre les stimulations qui provoquent du plaisir et celles qui provoquent une douleur. La chaleur est agréable si elle est modérée et pénible si elle est trop forte : la zone de transition est imprécise et variable selon les circonstances. Un même stimulus physiologique peut provoquer une jouissance ou au contraire une répulsion selon les significations qui lui sont attachées : un homme qui trouve agréable une caresse tant qu'il croit qu'elle vient d'une femme, éprouvera un malaise (à moins qu'il soit homosexuel) s'il se rend compte qu'elle vient d'un homme.

Cela dit, si une même stimulation peut avoir tantôt un effet agréable et tantôt un effet désagréable, en général la sensation éprouvée est sans ambiguïté, elle est agréable ou désagréable. C'est le résultat de la désintrication. Ce n'est pas toujours le cas. L'exemple classique est celui du grattage. Son effet dépend certes de son degré, léger il est agréable, fort il est douloureux. Mais le même grattage fort peut, en cas de prurit, devenir agréable. La douleur est la même et ressentie comme un plaisir. Nous verrons, après avoir étudié le masochisme, d'autres exemples d'une telle association. Dans le cas de la santé psychique, ces intrications restent modérées et temporaires. Dans le cas de la perversion masochiste, elles sont prépondérantes.

Un point reste encore à préciser : celui des rapports entre le sadisme et le masochisme. Ils sont opposés mais souvent liés, on parle de sadomasochisme. L'expérience la plus précoce de l'enfant est celle du masochisme. Si au stade sadique-anal, l'enfant sait qu'il peut faire souffrir c'est parce qu'il a lui-même éprouvé la souffrance. Sans cette expérience, il ne saurait pas ce qu'est faire souffrir autrui.

On voit que ces plaisirs archaïques n'ont pas tous la même importance. Il y a ceux pour lesquels le surmoi, peu sollicité par l'éducation, n'exerce qu'un faible refoulement, le plaisir oral et dans une moindre mesure les plaisirs anaux : rétention, coprophilie. Et il y a ceux qui sont fortement refoulés : l'autoérotisme, le sadisme et le masochisme. Ce sont ces trois derniers qui vont jouer les rôles les plus importants dans les perversions.

LE MASOCHISME ET LE SADISME AU CŒUR DES PERVERSIONS

Comment ce fonctionnement de type archaïque va-t-il se manifester cliniquement ?

Les théories habituelles se contentent d'établir une corrélation des plus simples entre un plaisir et un comportement, par exemple un plaisir sadique provient d'un acte d'agression, un plaisir masochiste d'une situation douloureuse. En réalité les corrélations sont plus complexes et les divers processus archaïques peuvent sous-tendre des symptômes très variables.

Une fixation orale est parfois évoquée à propos de la boulimie, de l'alcoolisme ou des toxicomanies. Mais, comme nous venons de le voir, ce plaisir (d'excitation) très précoce est peu culpabilisé par l'éducation. Il n'est valorisé ni comme bon, ni comme mauvais. Ce stade est peu conflictuel, aussi est-il peu source de mécanismes névrotiques et peu propice à un plaisir de transgression dans une perspective perverse. Dans notre culture, il est admis que ce plaisir est licite et qu'il est normal qu'il persiste chez l'adulte. Pour ces raisons on ne peut considérer que le maintien d'un fonctionnement libidinal oral constitue un processus pervers important.

Par contre l'autoérotisme que l'enfant expérimente à ce même âge sera amplement combattu par l'éducation et sera refoulé. Dans l'évolution normale cette modalité d'obtention de plaisir est refrénée. Elle se maintient chez tout sujet, mais est culpabilisée et surtout elle est dépassée par d'autres mécanismes. Si cette interdiction et ce dépassement ne se produisent pas, un mécanisme pervers se crée. Cela peut évidemment se manifester par des conduites masturbatoires. Mais bien d'autres manifestations sont possibles. L'autoérotisme peut être lié à d'autres plaisirs pervers. Ainsi l'exhibitionniste pervers (qui peut avoir diverses origines comme nous le verrons plus loin) peut comporter à côté de la satisfaction de se montrer aux autres, le plaisir autoérotique de s'admirer soi-même. Le masochiste peut éprouver son plaisir sans avoir besoin du recours à un partenaire. Un patient, grand masochiste, se fracturait des os en se frappant avec un marteau ou s'entaillait la peau (dans les zones les plus sensibles : mamelons, pénis) en solitaire, son plaisir était alors autant autoérotique que proprement masochiste. On voit que ce processus affectif peut infiltrer des manifestations cliniques variées.

Le masochisme, plaisir par la douleur

Il en est de même pour le masochisme. On comprend facilement que la persistance de ce mécanisme archaïque (ou le retour à ce fonctionnement) de plaisir par la douleur conduise à des comportements où le sujet recherche des blessures ou des agressions, qu'elles soient physiques ou psychiques, comme des humiliations. Mais un tel plaisir peut être caché. Dans certains cas d'anorexie c'est la douleur de la faim qui amène la jouissance. Une jeune malade, qui habitait au bord de la mer, avait l'habitude de se promener l'été à l'heure du déjeuner sur la plage et de regarder les baigneurs qui pique-niquaient. Alors qu'elle était tenaillée par la faim, elle trouvait ces gens vulgaires et se sentait supérieure à eux. Elle pouvait parler de ce plaisir orgueilleux, mais n'avait pas conscience qu'elle jouissait aussi de sa faim douloureuse. Une kleptomane éprouvait une excitation aiguë lorsqu'elle volait un objet dans un grand magasin et quand elle se dirigeait vers la porte avec la crainte d'être arrêtée. Cette excitation correspondait certes à une angoisse, mais aussi à un plaisir, de type orgastique, cette excitation de nature masochiste se camouflait derrière l'angoisse. Dans certaines formes d'exhibitionnisme, c'est le risque d'être puni ou même la riposte agressive des spectateurs qui est la source du plaisir. Un patient qui avait l'habitude de s'exhiber dans les toilettes devant des jeunes gens, se faisait souvent injurier ou battre, et après avoir raconté une aventure il ajoutait : « J'étais content, je me disais que cela m'aiderait à me corriger. » Il n'avait pas conscience que s'il était content ce n'était pas à cause de la perspective de guérison, mais à cause du plaisir qu'il prenait à être ainsi battu. Certains joueurs, habitués des casinos, éprouvent le maximum de plaisir pendant le moment d'attente du numéro sortant ; ce bref moment d'incertitude leur permet des acmés de jouissance, l'excitation vient autant du risque de perdre que de l'espoir de gagner. On voit que ces comportements n'évoquent pas par eux-mêmes un processus masochiste et que c'est l'étude du ressenti des acteurs qui permet de reconnaître la dynamique masochiste. L'identification de ce plaisir n'est pas toujours facile car le sujet lui-même n'analyse pas bien ce qu'il ressent et ne sait pas s'il éprouve réellement du plaisir et de quelle nature et, s'il le sait, il le cache et même le dénie. Il révèle toutefois sa jouissance par les affects qui accompagnent sa description et par ses associations d'idées, comme ce patient qui se disait inquiet pour sa santé, qui demandait des examens qu'il savait douloureux et qui disait : « Une fibroscopie ce n'est pas drôle (et il souriait), mais c'est instructif [...] le kinésithérapeute m'a fait hurler de douleur [...] après je lui ai dit que j'allais beaucoup mieux parce qu'il m'avait fait très mal. » Il attribuait sa satisfaction aux résultats de ces épreuves, mais laissait paraître, tant ses yeux brillaient quand il racontait, que son plaisir était dans les épreuves elles-mêmes.

La littérature psychiatrique n'est pas riche sur cette clinique. Mais les écrivains ont su repérer les aspects subtils du plaisir. Leopold von Sacher-Masoch dans « La Vénus à la fourrure[3] » a bien décrit le caractère caché de la jouissance du masochiste. Le héros, Séverin, cravaché par l'amant de Wanda, la femme qu'il aime, sous les yeux de celle-ci qui « contemple la scène avec une curiosité féroce et ne se tient plus de rire », s'étonne des sentiments complexes qu'il éprouve. « Être maltraité sous les yeux d'une femme adorée par un rival comblé procure un sentiment indescriptible : je meurs de honte et de désespoir. Et le plus ignominieux est que je ressens une sorte de plaisir fantastique et suprasensuel dans cette situation pitoyable, livré au fouet d'Apollon et bafoué par le rire cruel de ma Vénus. » Il s'agit bien d'un processus pervers car le plaisir est éprouvé *dans et par* la douleur.

Cela ne doit pas être confondu avec un processus névrotique tel qu'on en voit dans la classique névrose d'échec où le sujet, au moment de réussir, provoque son insuccès. Certes il peut encore s'agir de perversion avec une jouissance dans et par la défaite. Mais le processus est plus souvent

3. Von Sacher-Masoch L., « La Vénus à la fourrure », *in* G. Deleuze, *Présentation de Sacher-Masoch*, Paris, Éditions de Minuit, 1967.

névrotique. Si le sujet choisit une solution désagréable, ce n'est pas pour en jouir mais pour éviter une situation encore plus pénible : celle qu'aurait provoquée son succès (les raisons de cette pénibilité peuvent être variables : excès de responsabilités, culpabilité, craintes). Son attitude est conforme au principe de plaisir freudien : entre deux déplaisirs il choisit le moindre. Il y a bien un plaisir mais c'est un plaisir d'abaissement de tension. Freud le dit très clairement dans *Le Problème économique du masochisme* (1924). Il ne s'agit pas de masochisme pervers dans le cas de ces personnes qui sont « démesurément inhibées par la morale » et ont une culpabilité inconsciente que seule une punition peut atténuer. Elles ont un surmoi sadique auquel le moi se soumet. Nous sommes là devant une problématique névrotique. Il est vrai que de tels comportements sont souvent qualifiés de masochistes. Pour clarifier la terminologie, il faut s'entendre sur la signification qu'on donne au terme masochisme. Ou on choisit de le réserver à la perversion et on ne l'utilise plus dans les problématiques névrotiques, ou on l'emploie dans tous ces cas et on précise alors *masochisme pervers* ou *masochisme névrotique.* On peut résumer les différences psychodynamiques entre les deux en reprenant les formulations de Freud : dans le masochisme névrotique le moi se soumet au surmoi sadique pour atténuer sa culpabilité, dans le masochisme pervers il réclame punition pour en jouir.

Le sadisme, plaisir de domination

Le sadisme nous pose des problèmes cliniques comparables. Si l'on se réfère seulement aux comportements, on ne va pas loin. Il y a certes les conduites sadiques classiques avec jouissance sexuelle au cours d'une agression douloureuse, mais il y a beaucoup plus souvent des conduites où le plaisir pervers est obtenu par des comportements dont la signification est moins évidente. Les vrais critères de la perversion sont subjectifs. La perversion sadique se définit par le plaisir éprouvé. Un acte agressif n'est pas forcément sadique. Il peut être la conséquence d'une forte tension interne, il atténue alors cette tension : il y a bien plaisir, mais c'est un plaisir d'abaissement de tension. Le plaisir sadique réside dans l'excitation. Il est semblable à celui qu'éprouve l'enfant au stade sadique-anal. Ce plaisir est certes celui de faire souffrir, mais il est aussi et surtout celui d'imposer son pouvoir. C'est un plaisir de maîtrise. La souffrance qui fait jouir le sadique est celle qu'il provoque. Voir souffrir un autre est déjà agréable, mais la jouissance est exquise si l'on est à son origine. Le ressort essentiel de cette perversion est la domination de l'autre. Si bien que le plaisir peut exister sans qu'il soit question d'une vraie douleur, il peut venir de la soumission de l'autre. Ce qui excite le sadique c'est de faire faire à l'autre ce qu'il ne voudrait pas faire et même qu'il lui déplairait de faire, c'est de lui imposer sa volonté. Comme le dit Joseph Kessel d'un de ses personnages de *Belle de jour* : « Il demandait sa volupté non pas aux servitudes d'un corps mais à la flexion des âmes[4]... »

Un tel type de jouissance sous-tend bien d'autres comportements que les agressions physiques. Un exhibitionniste par exemple dont nous avons vu qu'il pouvait éprouver un plaisir autoérotique ou dans d'autres cas un plaisir masochiste, peut aussi jouir selon une modalité sadique : ce n'est pas devant un voyeur qu'il cherche alors à s'exhiber car cela serait sans intérêt. Si le spectateur prenait plaisir il ne serait en rien sadisé. L'exhibitionniste se montre de façon provo-

4. Kessel J., *Belle de jour*, Paris, Gallimard, 1929.

cante (devant des femmes à la sortie d'une église par exemple), ce qui provoque l'autre. Ou celui-ci l'agresse à son tour et on entre dans un conflit d'agression réciproque, ce qui est tout bénéfice pour le sadique, ou il tolère la provocation et il manifeste ainsi sa soumission voire sa connivence. Il est devenu voyeur contre son gré. Le sadique s'est rendu maître de ses affects. Ce qui plaît au mystificateur, ce n'est pas seulement de tromper l'autre, ce que peut faire tout escroc en donnant des informations fausses, c'est de sidérer le jugement critique de l'autre. Il ne se contente pas de raconter une histoire imaginaire : il glisse, dans ses propos, des détails suffisamment troublants pour risquer d'être découvert et son plaisir vient de sa réussite à subjuguer l'autre et à sidérer son sens critique. Le plaisir aigu éprouvé par une kleptomane, au moment où elle emporte sous le nez des vendeurs tel objet dérobé, est sans rapport avec la valeur de l'objet, mais tient à la jubilation de la domination sur l'autre que cela implique.

Le mécanisme sadique peut même sous-tendre un comportement qui paraît masochiste. Quand Sacher-Masoch passe avec Fanny de Pistor un contrat de soumission, c'est lui qui l'a rédigé. Dans un second contrat qu'il passe avec Wanda, il écrit : « Je m'oblige [...] à être l'esclave de Mme Wanda de Dounaieff... » C'est lui qui a le pouvoir sur celle à qui il dit se soumettre et c'est de là qu'il tire son plaisir. Il joue au masochiste mais c'est lui le maître.

Luis Buñuel a souvent décrit dans ses films cette jouissance et l'a montrée subtilement sous-jacente à des conduites diverses. Dans *Belle de jour*[5], inspiré du roman de Joseph Kessel qui a le même titre, il met en scène un « masochiste », *le professeur*, qui serait un célèbre gynécologue. Il vient régu-

5. Buñuel L., *Belle de jour*, scénario, *L'Avant-Scène*, 15 avril 1978.

lièrement dans la maison close où *travaille* Séverine. Il y apporte dans une petite valise noire son matériel : un costume de domestique et un fouet à lanières de cuir. Il vient pour jouer avec une prostituée à être le domestique soumis d'une marquise, à se faire injurier, piétiner, fouetter par elle, alors qu'il lui avoue son amour. Cela paraît être une mise en scène masochiste typique. Pourtant sa soumission n'est qu'apparente. C'est lui qui impose les rôles et qui exige, avec autoritarisme, qu'ils soient tenus comme il l'a ordonné. Il chasse Séverine trop peu docile : « Vous seriez plus à votre place à la cuisine, Mademoiselle », lui lance-t-il. Et quand Charlotte se plie à contrecœur à ses exigences, le plaisir du *professeur* est plus sadique que masochiste. Il est à genoux devant elle, jouant le rôle du masochiste classique, soumis, humilié, battu et content de l'être, mais le regard jubilant qu'il lui jette montre bien que c'est lui qui a imposé sa loi à cette femme. C'est lui qui a la maîtrise de la situation et qui joue avec l'affectivité de l'autre.

Dans le film qu'il a tiré du *Journal d'une femme de chambre* d'Octave Mirbeau, le même cinéaste[6] met en évidence que le fétichiste des bottines, M. Rabour, ne trouve pas sa jouissance seulement dans un plaisir solitaire. Il y associe Célestine, la femme de chambre. Il caresse ses bottines, lui demande de marcher : « Allez... marchez..., dit-il, que je les voie un peu remuer, ces petites bottines..., que je les voie vivre ! S'il vous plaît..., retroussez un peu vos jupes. » Célestine perplexe s'exécute puis elle le laisse la déchausser. Il tire son plaisir autant de la soumission de Célestine que de la manipulation des bottines. Il la force à une conduite qui n'est pas innocente, il obtient sa conni-

---

6. Buñuel L., *Le Journal d'une femme de chambre*, découpage intégral, Paris, Seuil, « Points/Films » et *Avant-Scène*, 1971.

vence. Et, comme pour le *professeur*, sa jouissance vient de ce pouvoir sur l'autre. Ces personnages rendent ainsi sensibles deux caractéristiques du sadisme : il s'accommode de manifestations diverses, y compris le masque d'autres perversions, et la jouissance la plus exquise qu'il procure vient de la maîtrise des affects de l'autre. C'est une donnée clinique qui ne nous est pas familière. En général nous n'identifions pas ce plaisir discret et secret. La notion de sadisme est tellement liée à celles d'agressivité et de violence qu'on finit par les confondre.

Cette exploration des traductions cliniques du fonctionnement affectif pervers montre ainsi le contraste entre la diversité des manifestations et le petit nombre des processus psychodynamiques sous-jacents. Le sadisme et le masochisme sont les moteurs essentiels, l'orientation autoérotique ou hétéroérotique joue un rôle secondaire, elle détermine si le sujet a besoin ou non d'un partenaire.

Une dernière remarque : cette définition du sadisme permet de situer clairement ce concept par rapport à ceux de violence et d'agressivité. Il est une forme de violence puisqu'il contraint sa victime, mais il n'en est qu'une forme. Comme l'agressif, le sadique attaque l'autre. Sa motivation n'est ni de se défendre, ni de soulager sa colère ou sa rancœur, elle est uniquement son plaisir à le faire. Il ne cherche pas à se décharger d'une tension. Il cherche à se procurer une excitation voluptueuse.

CHAPITRE 5

L'estime de soi et les états limites

Jusqu'ici, il était question de l'oubli de la psychanalyse et d'une sorte de rappel. Je disais en somme : « Les conceptions modernes ont des limites et des insuffisances, un certain nombre de notions psychanalytiques peuvent y remédier, pourquoi ne pas les reprendre ? » Maintenant la situation est différente. Il ne s'agit plus des conceptions freudiennes, mais de celles de psychanalystes modernes. Mon message devient : « Depuis trente ans, la recherche psychanalytique s'est poursuivie, elle a élaboré des concepts utilisables en pratique clinique, mais elle a été peu entendue. Ne voulez-vous pas savoir ce qu'elle vous propose et voir si cela vous convient ? » L'exposé de ces conceptions est plus délicat que précédemment car on ne dispose plus du bloc de l'œuvre freudienne. On a affaire à de multiples travaux et de multiples hypothèses. Un choix est nécessaire. C'est celui d'un clinicien qui a expérimenté ces modèles dans sa pratique et qui, après un tri aussi rigoureux que possible, expose ceux qui lui paraissent les plus adéquats. Je souhaite, si je n'arrive pas à convaincre, au moins susciter la curiosité du lecteur pour les travaux de ces auteurs.

ENTRE PSYCHOSES ET NÉVROSES, DEUX NOUVEAUX CONCEPTS, NARCISSISME ET BORDERLINE

Jusqu'aux années 1980, la psychiatrie était démunie pour identifier et comprendre des troubles qui n'étaient ni psychotiques ni névrotiques et qu'elle n'était pas arrivée à conceptualiser. Ainsi, dans leur *Manuel de psychiatrie* (1978) très classique à l'époque, Henri Ey, Paul Bernard et Charles Brisset écrivaient dans une note de bas de page : « La notion de "cas limite" ou "borderline" est très ambiguë. Tantôt on pense aux cas limites entre psychose et névrose, tantôt aux cas limites entre l'homme normal et le névrotique ou le psychopathe. Cela pose de délicats et parfois redoutables problèmes. » À cette époque, ces termes ne désignaient pas encore un syndrome clinique établi. Depuis, la clinique s'est enrichie, au point qu'il y a maintenant pléthore de concepts et confusion.

Trois qualificatifs se partagent les faveurs des auteurs : *narcissique, limite* et *borderline*, mais on ne leur donne pas toujours le même sens. On est loin d'un consensus. Même les deux grandes classifications internationales ne sont pas tout à fait d'accord. C'est un domaine en pleine évolution. Phénomène aggravant, comme un certain nombre de notions pertinentes émanent de la recherche psychanalytique et que la communauté psychiatrique ne s'y intéresse pas, elles sont ignorées, ni adoptées ni critiquées.

Je vais les exposer ou, plus exactement, je vais exposer celles qui me paraissent les plus intéressantes pour la psychiatrie. Les critères qui détermineront mon choix seront la qualité de ce qu'elles apportent à la pratique clinique et la cohérence de l'ensemble.

Mettons-nous d'abord au clair sur la terminologie. Nous avons vu qu'on utilise les trois qualificatifs : narcissique, limite et borderline. Le terme limite (utilisé avec divers substantifs : état limite, trouble limite, pathologie limite) est le plus ambigu. Il est connu du grand public mais on lui donne des sens multiples. D'où l'intérêt d'une mise au point.

Les deux autres ont un sens plus clair. Il est largement admis que les troubles narcissiques concernent l'estime de soi et non pas l'amour de soi, selon la distinction que nous avons envisagée plus haut. Borderline est utilisé dans la littérature de langue anglaise pour décrire une forme d'instabilité de la personnalité (une sorte de dysharmonie avec impulsivité).

État limite est, lui, utilisé tantôt dans un sens, tantôt dans l'autre. Lorsque, en 1975, Jean Bergeret a publié un travail qui a eu un fort retentissement[1], il appelait *état limite* un ensemble de troubles de type narcissique, terme qui n'était pas encore utilisé dans la littérature internationale. Puis, quand le vieux terme borderline (proposé par Hugues en 1884) a été repris, avec un sens nouveau, par les auteurs américains et qu'on a voulu le traduire en français, on a aussi utilisé le qualificatif *limite*. Ce terme a donc les deux sens : *narcissique* et *borderline*. Les choses seraient simples si les auteurs qui l'emploient disaient dans lequel de ces deux sens ils l'entendent, mais ils ne le font généralement pas, d'où des confusions.

Une autre source de confusion réside dans l'hésitation de certains (surtout en France) à admettre, entre psychose et névrose, une seule entité ou deux. Dans le premier cas on

1. Bergeret J., *La Dépression et les états limites*, Paris, Payot, 1975.

envisage un vaste *état limite* aux caractères flous. Dans le second, on distingue les troubles narcissiques et les troubles *borderline* en conservant le terme anglais puisqu'il n'a pas de traduction satisfaisante (le terme *perte de la cohérence psychique* me paraîtrait convenir mais c'est un avis personnel). Cette seconde option pour deux entités me paraît la meilleure. Elle est en effet admise dans la littérature internationale et on peut décrire deux tableaux cliniques tout à fait distincts, ce que nous ferons dans les deux chapitres suivants. (Malheureusement, s'il y a à peu près consensus sur l'intérêt d'identifier deux entités, il n'y en a pas sur les critères de ces identités et certaines manifestations qui sont considérées par les uns comme propres au narcissisme, sont attribuées par d'autres à la personnalité borderline. Nous verrons les difficultés que cela entraîne.)

Mais auparavant voyons comment on en est arrivé là et le rôle que la psychanalyse a joué et peut encore jouer. Un survol de l'historique permettra d'introduire l'étude de ces deux syndromes.

Ces deux termes *narcissisme* et *borderline* sont anciens, mais ils ont pris des sens nouveaux qui en font des concepts nouveaux. Deux courants de pensée ont présidé à ces recherches et ont conjugué leurs efforts, un courant psychanalytique et un courant clinique animé par des psychiatres et des psychologues cliniciens. Le courant psychanalytique a surtout approfondi et précisé le concept de narcissisme, le courant clinique celui de borderline.

Le courant psychanalytique partait des difficultés de la cure. Le numéro 10 de la Nouvelle Revue de psychanalyse[2] *s'intitulait « Aux limites de l'analysable ». La réflexion portait sur les structures psychiques que les modèles psychodynami-*

2. *Nouvelle Revue de psychanalyse*, Paris, Gallimard, n° 10, automne 1974.

ques classiques ne permettaient pas de comprendre et pour lesquelles la cure analytique était difficile sinon impossible. La terminologie proposée pour identifier des catégories diagnostiques nouvelles était variée : psychonévrose, psychose blanche (André Green), personnalités as if *(Hélène Deutsch), faux self (Donald Winnicott), défaut fondamental (Michael Balint), prépsychose, parapsychose (Paul-Claude Racamier)... Certains psychanalystes limitaient leur démarche à individualiser des traits symptomatiques particuliers comme* as if, *faux self ou à proposer un concept comme le défaut fondamental, sans construire une entité correspondant à une structure. En revanche, d'autres s'efforçaient d'élaborer des modèles structuraux cohérents, permettant de comprendre cette pathologie.*

Pour les troubles narcissiques, une revue complète de la littérature conduirait à citer un grand nombre de psychanalystes contemporains. Je parlerai seulement de ceux qui y ont consacré des études approfondies. Parmi eux, quatre ont joué un rôle de chefs de file, deux Français, Jean Bergeret et Bela Grunberger, et deux Américains, Otto Kernberg et Hans Kohut. Leurs conceptions comportent de grandes différences, mais elles ont en commun de proposer des modèles psychopathologiques associant une structure psychique et un syndrome clinique.

L'œuvre de Jean Bergeret se caractérise par son objectif et sa méthode. Son objectif est nosologique. Il cherche à montrer qu'il existe une lignée psychogénétique distincte de celles des névroses et des psychoses et qu'elle nécessite une thérapeutique adaptée. Sa méthode est psychanalytique. Il travaille à partir des cures de patients et il applique les conceptions psychopathologiques qu'il a développées par ailleurs[3].

---

3. Bergeret J. et coll., *Psychologie pathologique*, Paris, Masson, 1972. Bergeret J., *La Personnalité normale et pathologique*, Paris, Dunod, 1974.

Il considère que doit exister une structure de base caractérisée par des mécanismes psychiques originaux, stables et se manifestant par un caractère et des symptômes. Il part de l'entité clinique encore floue et définie négativement comme non psychotique et non névrotique et l'explore psychanalytiquement. Sa démarche est dialectique car il utilise la clinique pour choisir son sujet d'étude et secondairement les résultats de son analyse métapsychologique pour préciser le syndrome clinique qu'il veut individualiser. Il dénomme cette lignée : état limite.

Otto Kernberg[4] *est dans une position comparable, sa recherche est psychanalytique avec un souci nosologique, pourtant ses conclusions sont différentes : il ne décrit pas une seule lignée nouvelle mais deux, qu'il appelle l'une personnalité narcissique et l'autre personnalité borderline.*

Bela Grunberger[5] *n'a pas de projet nosologique ; il fait un travail psychanalytique destiné aux psychanalystes. Il défend l'idée que, à côté de la libido freudienne qui concerne la sexualité, il y a une autre libido qu'il appelle narcissique. Elle est différente de ce que Freud désignait sous le terme de narcissisme, elle n'est pas située à l'intérieur du cadre pulsionnel, elle prend naissance dans l'expérience anténatale du fœtus. Il développe les conséquences de cette conception et ses implications dans la dynamique des cures analytiques sans se soucier de clinique psychiatrique, mais la description qu'il fait de ce narcissisme est utilisable pour l'identification de manifestations cliniques.*

---

4. Kernberg O., *Borderline Conditions and Pathological Narcissism*, New York, Jason Aronson, 1975, traduit par D. Marcelli (2 tomes), *Les Troubles limites de la personnalité*, et *La Personnalité narcissique*, Toulouse, Privat, 1979 et 1980.
5. Grunberger B., *Le Narcissisme*, Paris, Payot-Rivages, « Petite Bibliothèque Payot », 2003.

Hans Kohut[6] *situe aussi sa réflexion dans le cadre analytique et s'intéresse aussi à un courant narcissique indépendant de l'évolution libidinale telle que la concevait Freud. Il sous-titre son ouvrage princeps* Le Soi *par* La psychanalyse des transferts narcissiques, *ce qui signifie qu'il s'intéresse à la dynamique narcissique dans le déroulement des cures analytiques. Ses conceptions sont néanmoins utilisables pour comprendre la pathologie psychiatrique.*

Cette riche moisson est pratiquement ignorée en dehors du monde psychanalytique et pourtant les concepts qu'elle contient peuvent être des outils précieux pour la pratique clinique. Je vais m'employer à le montrer.

Les recherches effectuées par des psychiatres ont été moins fructueuses pour le narcissisme que pour les troubles borderline. Elles reposent sur une méthode toute différente. Nous y reviendrons plus en détail, mais citons dès maintenant quelques travaux majeurs. Des chercheurs ont fait l'analyse clinique (parfois des analyses multifactorielles) de cas qui leur paraissaient proches de la psychose sans en être. Ainsi, en 1968, Grinker et coll. ont réalisé une analyse multifactorielle des données recueillies chez 51 patients[7].

Ils ont identifié un syndrome spécifique stable propre à la personnalité borderline. Depuis 1975, Gunderson et coll.[8] *ont réalisé plusieurs recherches pour dégager, à partir des principales études de la littérature, les traits les plus spécifiques de cette personnalité. Ainsi a été individualisé, par une approche strictement clinique, un syndrome borderline. La psychanalyse*

6. Kohut H., *Le Soi. La Psychanalyse des transferts narcissiques*, traduit par M.-A. Lussier, Paris, PUF, 1974.
7. Grinker A. A., Werble B., Drye R., *The Borderline Syndrome*, New York, Basic Books, 1968.
8. Gunderson J. G., *Borderline Personality Disorder*, Washington D.C., American Psychiatric Press, 1984. Gunderson J. G., Zanarini M. C., « Pathogenesis of borderline personality », *Rev. Psychiatry*, 8, 1989, p. 25-48.

est intervenue dans un second temps, elle s'est penchée sur ce syndrome pour comprendre les mécanismes qui le sous-tendent et elle a apporté des éclairages précieux.

Nous allons voir comment les résultats de ces travaux permettent d'obtenir un tableau cohérent des troubles de l'estime de soi (pathologie narcissique) et des troubles de la cohérence psychique (pathologie borderline).

LES TROUBLES DE L'ESTIME DE SOI, LE NARCISSISME PATHOLOGIQUE

Ici l'apport de la psychanalyse à la psychiatrie n'est pas qu'un complément. Elle a mis au jour un syndrome psychiatrique qui a totalement échappé aux classifications internationales. Le DSM fait de la personnalité narcissique une entité médiocre et il passe à côté d'un domaine pathologique d'intérêt majeur. Il n'a d'ailleurs pas été suivi par la CIM-10, ce qui est exceptionnel. Celle-ci ne retient pas sa notion de personnalité narcissique, elle la signale seulement, en annexe du volume consacré aux *Critères diagnostiques pour la recherche*, parmi les « troubles dont la position reste incertaine » et qui « doivent faire l'objet d'études complémentaires ». Et si un patient a été classé dans cette catégorie par le DSM, la seule place qu'elle lui réserve est le fourre-tout « autres troubles spécifiques de la personnalité ».

Narcissisme signifie à la fois amour de soi et estime de soi. Le premier sens vient du mythe de Narcisse, qui est resté dans le langage courant et qu'il avait aussi pour Freud, et il doit être conservé. Mais le sens d'*estime de soi* est également important et c'est celui qui s'est imposé lorsqu'on parle de pathologie narcissique, pathologie qui peut être due à un excès ou à une insuffisance.

Le DSM IV décrit une personnalité narcissique qui est bien un trouble de l'estime de soi mais uniquement par excès. Le sujet narcissique est solidement installé dans son statut de plénitude et d'autosatisfaction, il a « des fantaisies de succès illimité, de pouvoir, de splendeur, de beauté ou d'amour idéal ». Il a un « besoin excessif d'être admiré », « il pense que tout lui est dû », ce qui correspond bien à l'inflation narcissique, mais rien n'est dit sur ses réactions lorsqu'il n'obtient pas ce qu'il attend. À ces traits de caractère effectivement narcissiques puisqu'ils concernent l'image de soi, cette classification ajoute des traits plus *agressifs* : le sujet « manque d'empathie », « exploite l'autre », est « arrogant et hautain ». Ce personnage est fort, dominateur et sûr de lui. Quant au versant déficitaire du narcissisme, il est décrit dans une autre catégorie, celle de la personnalité borderline. Nous en reparlerons.

Une vision aussi sommaire ne nécessite pas de longs développements. En revanche, on va voir la richesse d'une conception du narcissisme qui prend en compte ses déficits comme ses inflations.

La définition du narcissisme pathologique nécessite la définition du narcissisme sain (ici encore ce qualificatif est préférable à celui de normal). L'estime qu'un sujet se porte a deux caractéristiques : son degré et sa solidité. Le degré de cette estime n'est jamais d'une justesse et d'une impartialité absolues. Le plus souvent elle est plutôt favorable et indulgente, mais elle peut être exigeante et sévère. Elle reste saine tant qu'elle est modérée et proche de l'objectivité. Elle devient pathologique quand elle s'en écarte trop, soit vers l'inflation, soit vers l'effondrement. La solidité est un paramètre encore plus important. L'estime de soi est soumise à des facteurs externes puissants : l'échec et la critique l'ébranlent, à l'opposé le succès et les compliments la renforcent. Le sujet sain souffre des premiers, mais ne s'effondre pas et apprécie les seconds sans illusion. L'estime de soi pathologique n'est ni moyenne ni solide. Elle oscille entre les positions extrêmes de l'inflation et de l'écroulement. Ce mécanisme affectif est au cœur de la problématique narcissique et explique les manifestations cliniques.

Même si tous les auteurs ne formulent pas exactement en ces termes la définition qu'ils donnent du narcissisme, celle-ci synthétise une vision commune (et correspond aussi à ce que Jean Bergeret appelle *état limite*). Comme nous l'avons vu plus haut, ce sont les psychanalystes qui ont construit ce concept. Il convient donc de rappeler leur démarche pour comprendre comment elle a ouvert la voie à une analyse clinique.

Le modèle psychanalytique

Le narcissisme est un des rares sujets de psychopathologie où il n'y a pas lieu de prendre appui sur les écrits de Freud et où il faut, au contraire, réfuter certaines de ses idées. Freud en effet ne considérait le narcissisme que comme l'amour de soi. Il ne concevait qu'une seule libido qui, selon qu'elle restait dans le moi ou se projetait à l'extérieur pour investir des objets, pouvait être appelée *libido du moi* (le narcissisme) ou *libido d'objet*. Ce n'était pas une différence de nature mais une différence d'utilisation. Les théories récentes mettent en cause cette unicité et surtout s'inscrivent en opposition à une autre idée de Freud, celle d'une quantité limitée de la libido, de telle sorte qu'il envisageait une balance entre la *libido du moi* et la *libido d'objet*. Plus l'une augmentait, plus l'autre diminuait. Le moi était comme un réservoir de libido et il prélevait des quantités qu'il envoyait à l'extérieur vers les objets, ce qui l'appauvrissait, ou qu'il gardait pour lui. Or il est clair qu'un bon narcissisme ne nuit pas à de bons investissements d'objet.

Les théories récentes sont assez diverses. On peut synthétiser quelques notions vers lesquelles elles convergent. Les travaux de trois auteurs déjà cités (Bela Grunberger, Jean Bergeret et Hans Kohut) permettent de dégager l'essentiel. La notion de deux libidos, une libido sexuelle (celle de Freud) et une libido narcissique n'est pas acceptée comme telle par tous, mais même ceux qui ne conçoivent qu'une seule libido admettent son dédoublement en deux lignées. Bela Grunberger est celui qui adhère le plus à cette idée. Pour lui, la libido narcissique est indépendante de la libido sexuelle. Elle est présente dès la vie anténatale car le fœtus éprouve un sentiment de confort et de sécurité et vit un état élationnel. Ses besoins physiologiques sont comblés. Il ne se sent ni vulnérable ni frustré. « Cette trace élationnelle et mégalomaniaque – dont le souvenir d'harmonie suprême et de toute-puissance ne s'effacera jamais – constituera comme telle le noyau narcissique, source d'énergie psychique spécifique, acquisition précoce et définitive demeurant active de la naissance jusqu'à la mort[9]. »

Il me paraît nécessaire de donner quelques détails sur les positions des uns et des autres pour montrer ce qui leur est dû et donner suffisamment d'informations sur ces conceptions qui ne sont pas classiques. Le lecteur qui ne souhaite pas cet approfondissement théorique peut aller directement aux « manifestations cliniques ».

La terminologie qu'utilise Grunberger distingue la lignée narcissique *(narcissisme, soi narcissique, facteur narcissique)*

9. *Infra*, p. 160, note 5.

et la lignée libidinale *(pulsion, libido objectale, libido pulsionnelle, composante instinctuelle, moi pulsionnel). Ces deux lignées ont une évolution parallèle, mais avec des interactions et des interférences, dans un mouvement dialectique. Par exemple si, avant la crise œdipienne, l'enfant a vécu des expériences fragilisant son estime de soi, il sera d'autant plus vulnérable à l'angoisse de castration et si, au contraire, il a acquis une estime de soi solide, il franchira plus facilement cette période difficile. En retour, selon que la crise œdipienne se résout bien ou non, cela conforte ou perturbe son estime de soi.*

Jean Bergeret ne conçoit pas une libido narcissique indépendante de la libido sexuelle. Pour lui le narcissisme prend naissance de la libido elle-même. Il se réfère à Abraham[10] *qui, comme nous l'avons déjà vu à propos des perversions, a décrit les stades anaux comme une expérience libidinale, avec des plaisirs (d'expulsion et de rétention) qui peuvent se prolonger sur un mode pervers : plaisir sadique d'agresser ou de dominer, et qui peuvent conduire à l'inversion névrotique obsessionnelle : plaisir de propreté, rétention. Jean Bergeret fait naître le narcissisme de ce même stade. Il infléchit la conception d'Abraham et décrit la seconde étape comme une expérience de réceptivité voluptueuse (c'est-à-dire de relation bénéfique à l'objet et non pas d'expérience sadique sur l'objet), réceptivité anale gratifiante par son apport narcissique (phallique) parental positif. Il s'agit alors d'un* don de phallus parental *(autant maternel que paternel), d'où accès à ce qu'il appelle une phase phallique-narcissique positive qui correspond au narcissisme de Grunberger. Les deux théories diffèrent donc sur la genèse de cet état.* Ce don phallique *qui a une valeur symbolique est d'une autre nature que l'éprouvé du fœtus que décrit Grunberger, mais cette différence théorique n'empêche pas un accord sur les deux lignées :*

10. *Infra*, p. 142, note 2.

Bergeret parle de versant narcissique de la libido *et de* versant libidinal vrai *et il conçoit l'évolution côte à côte des deux lignées de développement affectif : la* lignée génitale *qui conduit à l'Œdipe, avec l'angoisse de castration et dont l'évolution pathologique se fait vers les névroses, et la* lignée narcissique *qui aboutit à la formation de l'idéal du moi et de l'image de soi avec l'angoisse de perte d'objet et dont l'évolution pathologique se fait vers les manifestations spécifiques de la pathologie narcissique. Hans Kohut, de façon assez comparable, envisage, après le stade d'autoérotisme, un stade narcissique avec deux voies d'évolution possibles, l'une vers l'amour objectal et l'autre vers des transformations narcissiques.*

Tout cela concerne le narcissisme sain. Reste à expliquer comment il devient pathologique. Selon l'orthodoxie freudienne, c'est à la suite d'un traumatisme infantile. Les auteurs suivent cette théorie tout en concevant le traumatisme de manières diverses. On lui attribue tantôt une origine externe et tantôt une origine interne. Pour Grunberger, il vient de la réalité extérieure qui ne comble pas le sujet et qui provoque un sentiment d'impuissance, décevant le sentiment magique de toute-puissance. Pour Kohut, il s'agit aussi de la carence du monde extérieur. Tout enfant est confronté aux déceptions apportées par l'environnement qui, ne satisfaisant pas ses besoins, le laisse démuni. Il met en jeu des mécanismes de défense qui le rendent progressivement capable de supporter cette perte de la toute-puissance avec un retrait progressif de ses investissements narcissiques. Mais si la carence est trop brutale ou trop intense, elle dépasse ses possibilités d'adaptation et provoque une blessure définitive. Cette conception d'un traumatisme infligé par le monde extérieur s'oppose à la théorie freudienne qui attribue le traumatisme à un excès d'intensité pulsionnelle survenant dans un contexte maturatif du moi insuffisant pour y faire face. Jean Bergeret reste, lui, fidèle à

Freud. Il estime que, si « l'expérience de réceptivité voluptueuse » (que fait l'enfant lors de la deuxième étape d'Abraham) est trop intense ou que le moi, par défaut de maturation, est encore impropre à faire face à un tel assaut pulsionnel, cette expérience sera traumatisante. Ce traumatisme bloque alors l'articulation logique entre le narcissisme et la génitalité maturative. L'intégration des pulsions au sein de l'ensemble de la personnalité est entravée et le développement harmonieux du narcissisme n'est plus possible.

On voit que, malgré une diversité théorique, une notion est commune *à tous ces auteurs :* l'enfant a une expérience de plénitude narcissique et un traumatisme perturbe l'évolution de son narcissisme.

De la théorie à la clinique

Tous les auteurs s'accordent à la fois sur une sorte de faiblesse du moi et sur des oscillations de l'image de soi. Pour Jean Bergeret, il s'agit d'un moi lacunaire par incomplétude narcissique, une sorte de poche vide, avec une revendication affective inépuisable et une insatisfaction irréductible. Le sujet a une image de soi faible et fragile qui oscille entre des tentatives d'élation narcissique (parfois grâce à la drogue) et de déréliction. Jean Bergeret explique ces tentatives d'élation par un idéal du moi puéril, absolu et sans nuances, par des idéalisations mégalomaniaques illusoires. Kohut insiste aussi sur la faiblesse du moi et sur ses tentatives de compensation. Il dénomme avec bonheur cet état du moi : soi grandiose. *Grandiose exprime le caractère dérisoire de cette inflation, sa fragilité, ses failles et ses risques d'effondrement. D'où son instabilité et ses oscillations. Ce moi faible a besoin d'être soutenu par des apports extérieurs au risque de s'écrouler. On appelle souvent cette relation* anaclitique*, ce qui signifie que le sujet a un besoin absolu de s'appuyer sur des objets pour maintenir son estime de soi. Kohut utilise pour identifier le même phénomène le concept de* soi-objets*. Ce sont des objets dont le sujet a besoin en soi, de façon absolue.*

Au début de sa vie, l'enfant perçoit tout ce qui l'entoure comme des soi-objets*, c'est-à-dire des objets qui font partie de lui-même. Son biberon ne lui paraît pas plus indépendant de lui que sa main ou son pied. Il pense avoir pouvoir sur tout ce qui l'entoure : il a faim, il crie et le biberon arrive, il se sent mal, il pleure et maman le prend dans ses bras et le berce, il peut donc commander aux objets et ceux-ci ont pour seule raison d'être de le satisfaire. Si son désir est insatisfait, il tombe en plein désarroi, il ne peut se défendre contre ce manque car il n'a pas de représentation de l'objet, en particulier il est incapable de distinguer les qualités de l'objet de l'objet lui-même (un adulte qui tient à un objet en sait les raisons, c'est pour les services qu'il lui rend, et si un autre objet peut lui rendre les mêmes services, il peut sans peine abandonner le premier pour le second). Le petit enfant ne sait pas quelles sont les qualités de l'objet dont il a besoin. Il ne peut donc pas imaginer qu'il puisse le remplacer par un autre qui a les mêmes qualités, il le désire donc absolument, lui et rien d'autre ; on dit qu'il* veut l'objet en soi. *De plus il pense que cet objet n'a pas d'autre utilité que d'être à sa disposition. Une longue évolution sera nécessaire pour passer de cette perception d'un monde fait de* soi-objets *à un monde d'objets indépendants, qui ont d'autres raisons d'être que la satisfaction du sujet, dont il a une représentation mentale lui permettant de supporter leur absence et qui peuvent être remplacés par d'autres ayant des qualités équivalentes. Cette évolution se fait progressivement au cours de séquences où la frustration amène un désarroi qui peut être corrigé par une gratification. Si la frustration est légère et de* *courte durée, elle facilite un travail de mentalisation sans déstabiliser le sujet. Si, au contraire, elle est massive ou de trop longue durée, elle entraîne une sidération psychique. L'évolution se bloque alors et le sujet reste dans la quête de* soi-objets. *Une partie de la sémiologie de la pathologie narcissique est la traduction de ce fonctionnement.*

Soi grandiose *désigne ce qu'est le soi au cours du narcissisme primitif. Il comporte à la fois un état élationnel (exaltation avec un sentiment d'autosatisfaction narcissique) et mégalomaniaque, selon les termes de Grunberger, et une extrême fragilité. L'enfant qui se sent tout-puissant bascule dans le désarroi à la moindre frustration. Il acquerra progressivement l'image de lui-même propre à l'adulte sain par une évolution comparable à celle de ses relations aux objets. Ce sont des frustrations minimes et répétées qui lui permettront de renoncer progressivement à sa toute-puissance et en même temps de devenir capable de résister aux frustrations. Une frustration brutale peut bloquer le processus et entraîner le maintien du soi grandiose. Le sujet conservera une image de lui-même parfaite et puissante, mais s'effondrera à la moindre difficulté.*

Ces deux concepts soi grandiose *et* soi-objets *sont de bons outils d'analyse de l'évolution du narcissisme. Celui de l'enfant est de type archaïque. Il doit évoluer vers un narcissisme adulte où il aura dépassé cette dépendance à ces* soi-objets *et cette croyance en un* soi grandiose.

Les manifestations cliniques

La pathologie narcissique se caractérise par la persistance de cet état archaïque. Ces sujets ont d'eux-mêmes une image qui n'est ni moyenne ni stable. Ils oscillent entre une hypertrophie et une carence narcissique. Tantôt ils sont du côté de la grandiosité, ils surestiment leur importance et leurs capacités, se sentent supérieurs et beaux, s'attendent au succès, rêvent de projets mirifiques. Tantôt ils se sentent abandonnés, sans valeur, incapables, sans projet. Leur fragilité est une caractéristique majeure. Si elle est évidente dans les moments d'effondrement, elle est également sensible dans les phases de *soi grandiose*. On perçoit sans peine que l'autosatisfaction a quelque chose de dérisoire et qu'elle n'est pas très assurée. Cette image de soi dépend beaucoup de l'environnement, s'il est gratifiant il devient une source externe d'estime de soi et soutient le narcissisme, mais la moindre frustration a un effet dévastateur.

Leur dépendance à des *soi-objets* est la deuxième composante. Ces objets ont les caractéristiques des *soi-objets* de la petite enfance. Le sujet en a un besoin absolu, il n'imagine pas de les remplacer par d'autres ayant les mêmes qualités. Il a peu à en dire car il fantasme peu à leur sujet. Leur absence le plonge dans le désarroi. Ils sont souvent constitués par la drogue, l'alcool, les psychotropes. Le sujet en est dépendant spontanément car il ne s'agit pas d'une dépendance biologique s'installant à la longue, mais d'une dépendance psychologique. Parfois le *soi-objet* est particulier, il peut être une personne, un objet personnel, une situation. Ses caractéristiques sont les mêmes, le sujet en a un besoin absolu, quand il l'a il se sent bien, quand il le perd, il se décompense.

La conjonction de ces deux phénomènes explique l'économie affective de ces sujets. Les moments de carence narcissique sont plus fréquents et plus prolongés que ceux d'hypertrophie et le tableau clinique évoque une dépression, mais c'est une dépression particulière (qu'on appelle dépression narcissique ou dépression limite). Elle est différente des dépressions mélancoliques et des dépressions névrotiques. Le sujet paraît moins profondément déprimé. Il éprouve plus un sentiment de vide que de la tristesse, ce qui paraît moins grave, alors que le risque de suicide est important. Il ne ressent pas de la culpabilité mais de la honte. Il n'est pas agressif mais a de la rage. Son activité fantasmatique est pauvre. Cet état dépend de la présence ou de l'absence des *soi-objets*. S'il s'agit d'une drogue, de l'alcool ou d'un psychotrope, le sujet oscille entre l'élation, c'est-à-dire l'exaltation avec un sentiment d'autosatisfaction narcissique que lui procure le produit, et la dépression qu'entraîne le sevrage. Cela explique la fréquence avec laquelle on constate des pathologies narcissiques en cas d'addiction. S'il s'agit d'un objet ou d'une personne, l'état dépend de sa présence ou de son absence. Le *soi-objet* peut être le corps lui-même, le sujet n'est rassuré que lorsqu'il se sent en parfaite santé, la moindre atteinte corporelle entraîne un désarroi, elle ne peut être perçue comme relative, elle est immédiatement ressentie comme une défaillance absolue. Ce phénomène est fréquent chez les toxicomanes et il aggrave leur fragilité. Le risque de suicide est grand car deux mécanismes peuvent y conduire, celui de l'autoagression par dégoût de soi et celui de l'aspiration à un bonheur absolu et éternel (par exemple par l'utilisation d'overdoses), le sujet se tuant pour partir dans un monde parfait.

La comparaison avec l'économie névrotique est éclairante, en particulier lorsqu'on observe les réactions aux frustrations. Ce ne sont pas les mêmes événements qui sont traumatisants. Dans la névrose, ce sont des situations en rapport avec les conflits intérieurs. Dans le narcissisme ce sont des causes extérieures : l'échec, le mépris, la critique, la moquerie, l'injure. Ces causes sont souvent bien réelles, elles peuvent aussi être imaginées, c'est le cas de la *gaffe*. Si un tel sujet fait une tentative pour briller, par un acte ou une plaisanterie, espérant par là obtenir un succès qui confortera son narcissisme, et que sa tentative tombe à plat, sa déception est immense, proportionnelle au bénéfice qu'il attendait. Il rage de sa *gaffe* et en éprouve de la honte. Il est classique de dire que, dans la névrose, la frustration entraîne une régression puis de l'agressivité ou de la culpabilité. Dans la pathologie narcissique elle entraîne aussi une régression et elle débouche sur le désarroi, la rage, la honte.

Ainsi le narcissisme a deux versants, la carence narcissique et l'inflation, et ce qui domine dans cette sémiologie c'est la fragilité. L'inflation narcissique n'est qu'un phénomène de compensation qui essaie de nier l'état de carence, mais qui y parvient mal et qui ne résiste pas à la moindre difficulté. La pathologie narcissique est ainsi pour les psychanalystes une défaillance de l'estime de soi et ses manifestations sont plus souvent de type dépressif que de type grandiose.

Cette conception de la pathologie narcissique est ainsi aux antipodes de celle du DSM IV. Celui-ci n'envisage que l'inflation narcissique. Et une inflation qui serait solide. Il ne dit rien des réactions à la frustration, considérant sans doute que cette inflation résiste à tout. Les auteurs ont tout de même l'expérience de ces patients effondrés et, comme nous allons le voir, ils ne les considèrent pas comme narcissiques mais comme borderline.

LA PERTE DE LA COHÉRENCE PSYCHIQUE, ÉTAT LIMITE OU PERSONNALITÉ BORDERLINE ?

Ce terme de cohérence psychique ne fait pas partie de la terminologie psychiatrique. Pourquoi ne pas utiliser un terme reconnu dans la littérature ? En particulier : état limite ou personnalité borderline ? On ne peut choisir état limite car, nous l'avons vu, ce terme a en France tantôt le même sens que personnalité narcissique (à la suite des travaux de Bergeret), tantôt celui de borderline. Quant à ce terme borderline, c'est un anglicisme et certains répugnent à l'employer. S'il fallait obligatoirement prendre l'un des deux c'est tout de même celui-ci qu'il faudrait choisir. La notion de perte de cohérence a l'avantage de conduire au cœur de cette pathologie – car elle est dominée par l'hétérogénéité et la discontinuité psychiques – et d'ouvrir à la compréhension des modèles psychanalytiques[11].

Il ne s'agit pas de la classique dissociation schizophrénique, mais d'un manque de liaison dans la vie psychique. Ce manque de liaison est attribué à un *clivage*, terme que nous définirons plus loin.

La lente élaboration du concept d'état limite

Nous en avons fait plus haut une brève présentation qu'il faut maintenant compléter.

Les relations entre les recherches cliniques et les recherches psychanalytiques ont été ici différentes de ce qu'elles ont été pour le narcissisme et elles ont été plus convergentes. Les cliniciens ont moins pris appui sur des concepts forgés par la psychanalyse. C'est la psychanalyse qui a suivi leur travail et qui a étudié la pathologie qu'ils avaient individualisée. Sa recherche a suivi plusieurs pistes. Je ne les pas-

---

11. Je prends la liberté d'utiliser cette terminologie atypique, dans ce livre un peu polémique. Nous ne l'avons pas prise, mes coauteurs et moi, dans une étude de cette pathologie qui se voulait plus classique : Darcourt G., Chaine F., Guelfi J.-D., « La personnalité borderline », *in* Féline A., Guelfi J.-D., Hardy P., *Les Troubles de la personnalité*, Paris, Flammarion, 2002, p. 185-197.

serai pas en revue et me limiterai à présenter celle qui me paraît avoir le mieux abouti. Elle fournit un modèle psychodynamique qui éclaire le syndrome que les cliniciens ont élaboré.

Le concept s'est dégagé progressivement des études portant sur les troubles qui n'entraient pas clairement dans les cadres des névroses et des psychoses. C'est Hugues qui, en 1884, a utilisé pour la première fois le terme *borderline*, mais celui-ci n'a pas été adopté immédiatement. Les recherches ont été réalisées selon deux approches, celle de la démarche nosologique structurale franco-germanique et celle de la démarche descriptive anglo-saxonne.

La démarche structurale a été dominée par deux tendances. La première maintenait ces troubles dans le cadre de la schizophrénie en les considérant comme des formes particulières. Kraepelin parlait de formes atténuées de la démence précoce. Kahlbaum (1890) a appelé héboïdophrénies des formes de démence précoce comportant une tendance à la délinquance, la prévalence des troubles caractériels et l'absence de déchéance terminale. Kretschmer (1921) a appelé schizoïdie une forme clinique de la schizophrénie associant inhibition et impulsivité sans dissociation. Claude a proposé le terme de schizose puis celui de schizonévrose (1939) qu'a repris Henri Ey en 1955 en lui donnant une description comparable à celle des troubles borderline. La deuxième tendance a très tôt cherché à individualiser des syndromes indépendants de la schizophrénie en les appelant psychopathies (Dupré, Schneider), ou paranoïa sensitive (Kretschmer), ou perversion.

Aux États-Unis, les recherches ont été plus tardives. Stern a repris en 1936 le terme borderline pour caractériser une pathologie proche de la névrose, dominée par la défaillance de l'estime de soi et l'hyperesthésie affective. Puis, à partir de 1950, des recherches ont été entreprises pour distinguer ces troubles des psychoses. Schmideberg (1959) a insisté sur le défaut de modulation émotionnelle et de tolérance à l'angoisse, sur des comportements excessifs, sur l'intolérance aux frustrations, sur la tendance à l'agir pour lutter contre le vide intérieur. En 1968, Grinker et al.[12] *ont réalisé une analyse multifactorielle des données recueillies chez cinquante et un patients. Ils ont identifié un syndrome spécifique stable comportant quatre composantes fondamentales : l'agressivité, le mode de relation anaclitique, le trouble de l'identité et une forme particulière de dépression. Depuis 1975, Gunderson* et al.[13] *ont réalisé des études successives pour dégager les traits les plus spécifiques des personnalités borderline. Ils en ont retenu six : l'impulsivité, les actes autoagressifs, les affects dysphoriques chroniques, les distorsions cognitives transitoires, les relations interpersonnelles intenses et instables et la peur chronique d'être abandonné. L'Association américaine de psychiatrie a proposé en 1979 à un panel de cliniciens de séparer ceux de leurs patients répondant plutôt aux critères de la schizophrénie pseudonévrotique de ceux répondant aux critères borderline de Gunderson. Cette étude a mis en évidence deux dimensions distinctes, suffisamment indépendantes, qui permettent de séparer les deux groupes. C'est ainsi que ce concept de personnalité borderline a été retenu par le DSM III et les DSM suivants. On comprend que ces classifications aient gardé parmi les critères des signes narcissiques puisqu'ils étaient présents dans les conclusions de tous ces auteurs, de Schmideberg à Gunderson. Puisqu'il s'agit d'une vérité statistique, cela confirme que l'association de signes narcissiques aux signes proprement borderline est fréquente, mais*

12. *Infra*, p. 161, note 7.
13. *Infra*, p. 161, note 8.

cela n'interdit pas de les étudier séparément puisqu'on sait qu'il y a des cas où ils sont séparés.

Toutes ces recherches se sont faites indépendamment de la psychanalyse. Les psychanalystes ont néanmoins travaillé de leur côté et ont essayé de comprendre le fonctionnement psychique profond de ces patients. Lorsqu'on fait l'historique de leurs travaux on est amené à citer à la fois ceux qui concernent la pathologie narcissique et ceux qui concernent la pathologie borderline proprement dite puisque beaucoup ne les dissocient pas. Une première approche a été celle des précurseurs. Winnicott a proposé le concept de faux self, Hélène Deutsch celui de personnalité as if. *Dans la lignée de ces travaux, des auteurs comme Greenson (1954), Erikson (1956) ou Jacobson (1964) ont développé les notions de troubles des relations d'objets internalisés et de clivage comme mécanisme défensif. Enfin Kernberg*[14] *a, depuis les années 1970, fait des travaux sur la psychanalyse de ces cas. Il donne lui aussi une grande importance au clivage. C'est, dans sa conception, un processus qui intervient au sein de la personnalité et aussi entre les parties bonnes et les parties mauvaises des introjections et des identifications.*

Un ouvrage collectif récent[15] *présente une synthèse des conceptions françaises. André Green y insiste sur les apports théoriques de Winnicott et de Bion. Pour lui, clivage et dépression essentielle, résultat d'une autodestruction, sont des mécanismes clés. Pour Daniel Widlöcher, le clivage défensif trouve son origine dans la sexualité infantile ; il ne résulte pas d'une stratégie du moi, mais d'une fixation pulsionnelle archaïque. Catherine Chabert souligne certaines caractéris-*

---

14. *Infra*, p. 160, note 4.
15. André J., Chabert C., Donnet J.-L., Fédida P., Green A., Widlöcher D., *Les États limites*, Paris, PUF, 1999.

tiques masochistes entraînant des réactions thérapeutiques négatives (sources d'interruption de cures analytiques), un recours démesuré à l'externalisation, un investissement des limites entre le dedans et le dehors « pour prévenir la menace d'une destruction interne ».

De tout cela que retenir ?

Les symptômes des classifications internationales, un ensemble non cohérent

Elles retiennent ici les troubles liés à l'estime de soi qu'elles ne prenaient pas en compte pour décrire la personnalité narcissique et y ajoutent d'autres symptômes.

Ainsi le DSM IV décrit une personnalité borderline définie par neuf manifestations (dont cinq sont nécessaires pour retenir le diagnostic). Parmi ces neuf, quatre concernent la pathologie narcissique dans son versant de carence (crainte des abandons, oscillations entre des idéalisations excessives et des dévalorisations, instabilité de l'image de soi et sentiments chroniques de vide). Les cinq autres sont : « impulsivité dans au moins deux domaines potentiellement dommageables pour le sujet », « répétition de comportements, de gestes ou de menaces suicidaires ou d'automutilation », « instabilité affective due à une réactivité marquée de l'humeur », « colères intenses et inappropriées », « survenue transitoire dans des situations de stress d'une idéation persécutoire ou de symptômes dissociatifs sévères ». Les critères sont strictement comportementaux.

La CIM-10 est moins crispée sur la stricte objectivité et admet qu'il faut tenir compte, au moins partiellement, du sens des symptômes. Pour elle la personnalité borderline est une variété de « personnalité émotionnellement labile ». Elle en a la « tendance à agir avec impulsivité et sans considération pour les conséquences possibles », l'« instabilité de l'humeur », le « peu de capacité à anticiper », les « éclats de colère parfois violents », à quoi s'ajoute la « perturbation de l'image de soi », les « sentiments permanents de vide », les « relations intenses et instables », la « peur de l'abandon », les « menaces de suicide » et les « gestes autoagressifs ».

Quelle appréciation porter sur ces conceptions ?

Il ne semble pas qu'on puisse leur reprocher de ne pas être scientifiques puisqu'elles ont été élaborées à partir d'analyses statistiques. Pourtant un biais est possible, semblable à celui que nous avons rencontré à propos des phobies. Nous avons vu que lorsqu'on rassemble des patients qui sont tous des « laveurs », on a une population qui comporte à la fois des phobiques et des obsessionnels, et que si on fait une étude statistique de leurs caractéristiques, on mélange leurs composantes. Pourtant la démarche est tout à fait scientifique. Ici j'avancerai l'idée que les troubles narcissiques et borderline sont souvent associés, ce qui explique que leur étude statistique montre l'association des deux types de symptômes. Pour résoudre le problème il faut faire comme pour les phobies, utiliser une hypothèse de distinction et vérifier ensuite si elle est valable. Et la psychanalyse fournit cette hypothèse. Nous verrons, après l'avoir exposée, si elle est valable.

La deuxième remarque que l'on peut faire est de dire que ces symptômes donnent un ensemble hétéroclite et peu spécifique. Des colères intenses et inappropriées peuvent se voir dans d'autres formes de tension psychique. La répétition de gestes suicidaires n'est pas en elle-même spécifique de cette pathologie puisqu'elle se voit dans diverses dépressions. L'instabilité affective se voit aussi dans d'autres pathologies, ne serait-ce que l'hystérie. On pourrait dire que les symptômes borderline ont des « sosies » et qu'on n'a rien pour les en distinguer. Il manque un concept qui donne une caractéristique commune à tous ces symptômes, permette de les reconnaître, et qui soit une sorte de tronc commun à tous ces comportements. Là aussi la psychanalyse peut proposer ce concept.

Le clivage, une hypothèse psychanalytique

La psychanalyse peut, en effet, fournir un modèle, certes réducteur, mais apte à séparer ce qui relève d'un trouble narcissique et ce qui peut être considéré comme typiquement borderline. Ce dernier trouble a une caractéristique positive, un mode de fonctionnement spécifique, le *clivage* et une caractéristique négative, *l'absence de mécanismes de défense névrotiques*.

Le clivage est le mécanisme de défense (et donc, en même temps, du processus pathologique) majeur dans cette pathologie. Nous avons déjà rencontré ce terme dans le chapitre consacré aux mécanismes de défense. Freud l'a utilisé pour désigner un processus au sein du moi par lequel celui-ci sépare deux représentations inconciliables, l'une tenant compte de la réalité, l'autre s'en détachant sous l'influence des pulsions. Il a décrit ce phénomène dans la psychose et dans le fétichisme. Dans la psychose, le moi maintient, à côté de représentations adaptées à la réalité, des représentations délirantes. Dans le fétichisme, le sujet sait que la femme n'a pas de pénis et, en même temps, crée le fétiche qui symbolise ce pénis. Ces représentations contradictoires coexistent sans s'influencer réciproquement. Ce clivage concerne donc des représentations. Melanie Klein parle de clivage entre le *bon* et le *mauvais* objet. Il porte donc encore sur des représentations. Otto Kernberg utilise le terme dans le même sens que Melanie Klein.

Clivage peut avoir un autre sens et c'est celui qui nous intéresse ici. Il s'agit d'un mode de fonctionnement du moi qui sépare entre eux, d'une part des fragments du moi, et d'autre part des représentations et des affects qui sont normalement liés. C'est là un bon modèle pour comprendre l'hétérogénéité et la discontinuité psychiques. Ce clivage a une traduction clinique évidente : le manque de liaison dans la vie psychique. La personnalité n'est pas cohérente (d'où notre titre : la perte de la cohérence psychique). Ces sujets peuvent passer d'une idée à une autre ou d'une attitude à une autre sans qu'il y ait un lien entre elles. Ils peuvent, d'un moment à l'autre, avoir un comportement qui ne paraît pas être celui de la même personne. Ils ont des représentations déconnectées des affects qui devraient leur être liés.

L'absence des mécanismes de défense névrotiques est une notion tout aussi importante. Les autres mécanismes de défense (le refoulement, le déplacement, l'inversion, la négation...) dont nous avons vu l'importance dans les modèles névrotiques sont ici absents ou faibles. Leur carence renforce le clivage car, contrairement à lui, ils lient les représentations à des affects et à d'autres représentations et s'ils étaient présents ils corrigeraient ses méfaits. Leur défaillance lui laisse le champ libre.

Un exemple fera mieux comprendre les choses qu'un développement théorique. Un patient borderline rapportait au cours d'une séance de psychothérapie que, chez lui à table, il craignait que son père lui fasse du pied dans une provocation incestueuse. Il dit cela sur un ton froid, comme s'il rapportait un fait objectif qui ne le concernait pas, puis passa à un autre sujet. Un névrosé n'aurait pas un fantasme aussi cru, le refoulement le laisserait difficilement passer et le remplacerait par un autre plus acceptable. Et s'il l'avait, il lui provoquerait une émotion. Ou il le considérerait comme vraisemblable et il assortirait sa révélation d'un jugement sur son père et envisagerait de s'en protéger, ou il le considérerait comme invraisemblable et il s'interrogerait sur les raisons qui font naître dans son esprit un fantasme aussi pervers. Le refoulement, la négation, le déplacement seraient à l'œuvre pour dénier tout désir incestueux. Ces mécanismes de défense stimuleraient son activité imaginative, ils lieraient les représentations et les affects. Ils ne laisseraient pas les idées isolées, mais les incluraient dans des ensembles.

Le clivage a un effet opposé. Il arrête le fonctionnement de la pensée, il dissocie la représentation des affects auxquels elle pourrait être liée, il isole cet événement du reste de la vie psychique. Cela explique la pauvreté de la vie fantasmatique de ces sujets. Ils ont peu de représentations mentales, se livrent à peu de raisonnements intérieurs et ont peu de choses à exprimer. L'entretien avec eux est peu productif et il provoque souvent de l'ennui. L'examinateur doit être attentif à cet ennui, il ne doit pas s'en sentir responsable, il doit le considérer comme un symptôme assez spécifique de la pathologie borderline. Une pensée aussi peu élaborée est souvent crue et, de manière générale, sans nuance et sans ambivalence. L'ambivalence est un signe de pensée saine, il est rare que nous soyons toujours totalement content ou totalement triste, que nous soyons pleinement admiratif ou pleinement critique pour quelqu'un. Il y a généralement dans nos appréciations du pour et du contre et nos sentiments sont partagés, c'est-à-dire ambivalents. Un sujet borderline est privé de cette subtilité. Il est réduit à des représentations brutes et à des affects massifs. Une autre caractéristique de cette pauvreté de la vie fantasmatique est la tendance à passer à l'acte. Il est bien connu que lorsqu'on ne sait plus que penser on est tenté d'agir. La propension à passer à l'acte est inversement proportionnelle à la capacité de fantasmer. Les mécanismes de défense névrotiques stimulent l'activité fantasmatique (nous avons vu l'intensité de la vie imaginaire de l'hystérique) et protègent du passage à l'acte, le clivage fait l'inverse.

Le clivage fournit ainsi un modèle propre à définir et à comprendre le fonctionnement borderline. Il provoque une discontinuité de la vie psychique, un manque de liaison entre les représentations et les affects, d'où des émotions massives et crues et une vie imaginaire pauvre compensée par des passages à l'acte, tout cela constituant une perte de cohérence psychique.

De la théorie à la clinique

Ce modèle permet de reprendre les symptômes et de leur donner un sens.

L'état affectif est dominé par la *dysphorie*. Ces sujets se sentent rarement confortables et détendus. Ils ont de la peine à moduler leurs émotions. Ils ont un sentiment de malaise chronique qui s'exacerbe à la moindre difficulté. Ils éprouvent alors une anxiété difficile à maîtriser car ils n'ont pas la capacité de faire le travail mental qui lierait cette anxiété à des représentations et permettrait d'en évaluer les causes, les risques et les remèdes. Ces malaises en cas de contrariété entraînent de l'irritabilité.

L'activité fantasmatique est pauvre, avec une faible aptitude à la rêverie. La pensée est mal structurée et discontinue. Lorsqu'une idée surgit, elle reste isolée dans l'esprit, ces sujets ne peuvent la relier à d'autres, leur vie intellectuelle est une succession d'instants et non un continuum. Dans les entretiens, leurs réponses sont brèves, sans associations d'idées, ce qui crée souvent une impression d'ennui qui peut être considérée comme un symptôme de la maladie. Leurs raisonnements sont sommaires. Ils ont de la peine à poursuivre une idée ou une action qui ne conduit pas à un résultat immédiat. Les liens entre les représentations et les affects qui y sont associés sont instables.

Ces sujets oscillent entre une froideur affective et des élans émotionnels. Widlöcher[16] a insisté sur la *crudité* de leurs fantasmes. C'est un symptôme majeur qui est une des manifestations de l'absence de mécanismes de défense névrotiques. Nous en avons vu un exemple. Ces propos crus sont exprimés froidement, sans commentaires visant à les justifier.

La *tendance à l'agir* est liée à la pauvreté fantasmatique. Ces sujets sont vite débordés par des situations conflictuelles qu'ils n'ont pas la capacité d'analyser et réagissent immédiatement par des actes ou des réactions verbales sommaires. Ils ne peuvent contrôler leurs impulsions. Ils sont imprévisibles. Ces passages à l'acte irréfléchis sont souvent agressifs ou autoagressifs.

Leurs *relations aux autres* dépendent de ce fonctionnement affectif. Elles sont discontinues, tantôt froides, tantôt passionnées voire violentes. Supportant mal les critiques et les contrariétés, ces sujets ont des réactions agressives et disproportionnées. Cette agressivité a des degrés variables. Elle va jusqu'à des colères, des rages, des bagarres. Dans les

16. Widlöcher D., « Les concepts d'états limites », *in* Pichot P., *Actualités de la schizophrénie*, Paris, PUF, 1981, p. 55-72.

périodes calmes, les relations peuvent être adaptées, mais elles sont toujours un peu froides et rugueuses.

Une dernière caractéristique de ces personnalités est la tendance à présenter des *syndromes d'allure psychotique transitoires* que le DSM signale avec pertinence (« survenue transitoire » dans des situations de stress d'une idéation persécutoire ou de symptômes dissociatifs sévères). Ils sont parfois source de confusion. Ils expliquent pourquoi il a fallu tant de temps pour extraire cette pathologie du cadre des psychoses et pourquoi beaucoup de psychiatres considèrent encore que ces malades sont des psychotiques. Ces troubles se différencient des délires psychotiques par leurs conditions d'apparition, leurs manifestations et leur évolution. Ils surviennent dans des contextes affectifs et interpersonnels ressentis comme des stress intenses. Ils comportent des idées de persécution et de référence (se sentent concernés), des distorsions perceptives, des symptômes dissociatifs, des phénomènes hypnagogiques et en général pas d'hallucination. Leur durée est brève, de l'ordre de quelques jours.

Au total, il n'y a pas incompatibilité complète entre la conception des grandes classifications et celle que nous proposons à partir des recherches psychanalytiques. La différence majeure tient à ce que ces classifications amalgament des signes narcissiques et des signes borderline que la psychanalyse sépare. En revanche, il y a une bonne concordance dans le choix des symptômes borderline « purs ». La psychanalyse complète l'approche descriptive en lui donnant un sens. Ce qui ne peut qu'aider le praticien à porter le diagnostic et à traiter son patient.

Une dernière remarque. Nous avons insisté sur l'intérêt d'individualiser les deux types de pathologie, tout en reconnaissant qu'ils sont souvent associés. Ils le sont souvent mais pas toujours (il y a d'ailleurs, semble-t-il, plus souvent un trouble narcissique isolé qu'un trouble borderline, mais c'est à vérifier). Lorsque les deux syndromes sont intriqués, ils s'aggravent réciproquement. Le déficit de l'estime de soi renforce les effets du clivage car la discontinuité psychique est amplifiée par l'instabilité de l'image de soi, et symétriquement la fragilité narcissique est privée de toute capacité de liaison qui aurait pu la compenser.

CHAPITRE 6

La dépression, maladie du corps ou de l'esprit ?

Le grand public a tendance à considérer que la dépression et les médicaments antidépresseurs sont liés entre eux comme le diabète et l'insuline. Comme le diabète est dû à un manque d'insuline et qu'il est guéri par des médicaments qui compensent ce déficit, la dépression est due à un déficit de neurotransmetteurs que les antidépresseurs corrigent. Elle est autant une maladie somatique que le diabète. Les psychiatres et les psychologues savent que les choses ne sont pas aussi simples. Ils ont toujours considéré qu'il y a des dépressions de causes psychologiques et d'autres de causes endogènes ou somatiques. Nous verrons comment ils les identifient et les classent. Le problème qui doit nous occuper ici est celui des mécanismes psychologiques qui peuvent conduire à la dépression et des éléments de compréhension que fournit la psychanalyse. Avant d'aborder la dépression proprement dite, je propose un détour par le deuil et la souffrance. Freud en a dit des choses qui sont valables pour la dépression.

LE DEUIL ET LA SOUFFRANCE SELON FREUD

Étudier le deuil est une bonne voie d'approche des mécanismes psychologiques pouvant entraîner une dépression. C'est d'ailleurs cette voie qu'a suivie Freud. En 1915, il publie un travail qu'il intitule *Deuil et Mélancolie*, dans lequel il étudie par quels mécanismes le deuil peut entraîner une dépression.

Deuil désigne en premier lieu la réaction à la mort d'un être cher, mais le terme convient aussi pour toute autre perte. L'objet perdu peut être une chose, une situation, une abstraction comme la patrie ou un idéal, le mécanisme des réactions à sa perte sont les mêmes. L'important est que l'objet soit investi, qu'il ait de l'importance pour le sujet. Dans son étude, Freud part de la constatation qu'une même perte peut être supportée de façons variables, allant du deuil normal à la mélancolie. Nous verrons plus loin ce qu'il en est de la dépression. Nous allons étudier d'abord le deuil pathologique puis le deuil normal. Ce qui définit le deuil pathologique c'est l'intensité de la douleur ressentie et sa persistance pendant une longue durée. Pour l'expliquer, Freud propose trois processus qui peuvent s'associer et s'aggraver réciproquement.

Les mécanismes du deuil

Le premier est la frustration qu'entraîne la perte. L'idée que le deuil entraîne une frustration est banale, ce qui l'est moins c'est la compréhension de la nature de cette frustration. Il est évident que c'est parce que la personne ou la chose dont on est privé était source de satisfaction que son absence est pénible. Mais le sujet sait-il toujours d'où venait sa satisfaction ? Dans un deuil normal, il a assez bien conscience des raisons pour lesquelles il tenait à cet objet disparu, mais, dans le deuil pathologique, il n'a pas cette conscience. Freud dit qu'il « sait *qui* il a perdu, mais non *ce* qu'il a perdu en cette personne ». Il sait bien quel *objet* lui manque, mais il ne sait pas ce qu'il représentait pour lui et pourquoi il était aussi important. Derrière les raisons pour lesquelles il croit que cette disparition est si douloureuse, il y a des significations inconscientes plus importantes et le sujet ne peut ni les analyser ni en faire la critique puisqu'il les ignore. Certes, même dans le deuil normal nous ne savons jamais tout à fait les significations qu'ont pour nous les personnes et les événements, mais ici la différence entre la valeur apparente de l'objet et sa signification inconsciente est majeure.

Le deuxième est la culpabilité que le sujet ressent à propos de cette mort. Il a le sentiment d'en être responsable ou de ne pas avoir manifesté suffisamment son amour quand la personne était encore en vie. Et cette culpabilité est d'autant plus perturbante qu'elle est plus inconsciente. Un patient, très atteint par un deuil, a retrouvé au cours de sa psychothérapie un souvenir refoulé. Un frère, plus jeune que lui de deux ans, était mort de la diphtérie quand il avait lui-même environ 4 ans. La cause de la mort avait été une complication respiratoire de la diphtérie (le croup). Le souvenir oublié et qu'il put retrouver était que, la veille de l'apparition de la diphtérie, alors qu'il prenait un bain avec son frère, il l'avait aspergé, au point qu'il l'avait fait tousser car l'eau avait entraîné un début d'étouffement. À la mort de son frère, justement due à un étouffement, il avait imaginé qu'il avait provoqué cette mort. Cette culpabilité avait été refoulée, mais, quoique inconsciente, avait été ravivée par le deuil présent et lui avait donné sa gravité.

Le troisième processus est le plus important. Il repose sur un mécanisme inverse. *Le sujet ne se fait pas de reproches, mais en fait au disparu* qu'il accuse de l'avoir abandonné. Cette agressivité envers le mort n'entraîne un deuil pathologique que si elle est inconsciente. Dans le cas contraire, les sentiments d'agressivité étant clairs, ils n'entraînent pas de dépression. Dans le deuil pathologique le sujet se croit attristé par le malheur du défunt alors qu'inconsciemment il est préoccupé par son propre malheur, s'estime victime et en rend l'autre responsable. Dans un deuxième temps, se sentant coupable de cette revendication, il s'identifie au disparu. Freud défend ici l'idée que le mode le plus archaïque de choix d'objet est l'identification : à ce stade, lorsque le moi élit un objet, il veut tellement se l'approprier qu'il cherche à l'incorporer, « conformément à la phase orale du développement de la libido », et c'est ce type de fonctionnement qui ressurgit au cours de l'épreuve que constitue le deuil. Le sujet introjecte l'image du disparu, il le place – inconsciemment – à l'intérieur de lui-même. Les reproches qu'il lui destinait et qu'il continue à lui adresser, il les dirige maintenant à l'intérieur de lui-même et donc se les adresse. Freud dit : « L'ombre de l'objet tomba sur le moi. » Et plus loin : « Le moi est écrasé par l'objet. » « Les autoreproches sont des reproches contre un objet d'amour qui sont renversés de celui-ci sur le moi propre. »

On voit comment sont intriqués trois mécanismes inconscients : la douleur du manque, la culpabilité et le retournement sur soi de l'agressivité. Chacun de ces mécanismes apporte son lot de souffrance : le manque provoque la frustration, la culpabilité déclenche la punition par le surmoi et le retournement entraîne l'autoagression.

Deuil normal et deuil pathologique

Le deuil normal se caractérise par l'absence de ces mécanismes ou plutôt par leur discrétion car ils ne sont jamais totalement absents. Le sujet sait quel objet lui manque et pourquoi il lui manque, mais il ne le sait pas tout à fait. Il y a une frange de significations refoulées qui lui échappent, mais elle est faible. Il peut éprouver aussi un peu de culpabilité, mais elle n'est ni massive ni inconsciente et n'est pas suffisante pour perturber fortement le processus du deuil. L'important est surtout que l'objet reste extérieur au sujet, même si, là aussi, existe un certain refoulement. On voit que la différence entre le normal et le pathologique est quantitative et qu'il y a possibilité de multiples situations intermédiaires entre les deux états extrêmes.

Le travail de deuil, c'est-à-dire le processus qui va permettre au sujet de se dégager de son état de souffrance, sera plus ou moins facile en fonction de ce degré de gravité. Pour l'expliquer, Freud fait appel à la fois au principe de réalité et au principe de plaisir. Le principe de réalité conduit le sujet à accepter l'absence et à retirer petit à petit la libido qui était fixée sur l'objet. Le principe de plaisir fait que le sujet trouve des compensations qui l'aident à se détacher et la principale compensation que décrit Freud est la « prime de rester en vie ». Il estime que vivre est une telle chance qu'elle console du malheur du deuil. Ainsi, par une succession de petits renoncements et de petites satisfactions, un travail psychique détache le sujet de son objet perdu. Ce travail n'est pas aisé. Il absorbe des forces du moi, ce qui explique l'inhibition et la baisse d'intérêt fréquentes. Mais il ne s'agit pas de pathologie. On sent que cet état va être surmonté et qu'il serait inopportun de le perturber.

Freud ajoute à cette analyse une interprétation plus théorique. Il imagine une défaite de la pulsion d'autoconservation et une défaillance de la libido narcissique. Il envisage aussi un conflit entre moi et surmoi. À cette époque il n'a pas encore inventé sa notion d'instance et quand il l'aura fait, il envisagera que le surmoi se comporte en persécuteur et le moi en victime et il dira que le surmoi « déploie contre le moi une dureté et une sévérité si extraordinaires » (*Le Moi et le Ça*, 1923). Il emploie même le terme de fureur. Ces concepts hautement réducteurs ne nous sont pas utiles. Les processus que nous venons de décrire sont plus compréhensibles, plus identifiables et ils nous ouvrent des pistes pour aborder la dépression.

La souffrance, excès d'énergie libre

Freud a toujours eu recours, pour ses constructions théoriques, à deux modèles hétérogènes : un modèle symbolique (les fantasmes, le refoulement...) et un modèle énergétique (les pulsions, l'angoisse...). Nous retrouvons cette double référence à propos de la souffrance. L'étude du deuil nous a conduits à la référence symbolique, celle de la souffrance nous conduit à la référence énergétique. La souffrance, qu'elle soit physique ou morale, est ressentie comme une tension pénible. Elle peut être comprise comme une *quantité d'énergie* qui fait effraction dans le psychisme.

Chaque théorie psychologique a sa conception des mécanismes de la douleur. Le comportementalisme peut apporter une certaine contribution au traitement, mais le modèle qu'il propose pour expliquer la douleur est des plus élémentaires, il s'agit de conditionnements inadaptés. Le cognitivisme peut, par l'exploration des schémas et des processus cognitifs, permettre de comprendre – et de traiter – des expériences douloureuses. Son apport théorique est toutefois assez maigre ; ses meilleurs concepts sont inspirés de la psychanalyse. C'est elle en effet qui a théorisé de la façon la plus riche et la plus approfondie l'économie psychique de la douleur.

Ce sujet a toujours été au centre des préoccupations de Freud. En 1895, il écrit un curieux texte : « Esquisse d'une psychologie scientifique » dans lequel il bâtit un modèle de l'appareil psychique en langage neuropsychologique. Il décrit des neurones qui servent à la perception, d'autres à la mémoire, etc., et des mécanismes d'inertie, de décharge, de frayage, etc. Il ne faut pas comprendre ce texte comme une explication physiologique des processus mentaux, ce serait une fantaisie bien peu scientifique. Il faut le comprendre comme une métaphore dans laquelle le cerveau signifie l'appareil psychique. Il pose comme principe qu'il y a deux types de fonctionnement des neurones, certains retiennent les charges énergétiques et d'autres tendent à s'en débarrasser. D'où deux types d'énergie, celle qui est localisée dans les premiers, c'est l'*énergie liée,* et celle qui est rejetée par les seconds, c'est l'*énergie libre.* Par la suite, il abandonnera cette métaphore, ne parlera plus de fonctionnement du cerveau, mais de fonctionnement du psychisme. Il conservera cette notion de deux énergies, une libre et une liée. Et il utilisera ce modèle pour la compréhension de la souffrance en postulant que l'énergie libre entraîne une tension douloureuse alors que l'énergie liée ne le fait pas.

D'où vient cette énergie libre ? D'abord et surtout des *quantités* qui pénètrent par effraction lors d'un traumatisme par une agression, un choc émotif, un effroi. Cette souffrance d'origine externe est amplifiée par des *quantités* d'origine interne dues à la charge conservée de souvenirs douloureux, qui sont mobilisées par cette énergie pénétrée par effraction et viennent s'ajouter à elle. Le résultat est un débordement d'énergie.

Le psychisme ne supporte pas cette tension pénible et cherche à la faire baisser. C'est le principe de plaisir. Il ne peut pas la fuir. Il a deux moyens : la *décharge* et la *liaison*. La décharge se traduira par des crises et des passages à l'acte, c'est la catharsis : le sujet crie, pleure, implore, cherche des calmants.

La *liaison* transformera l'énergie libre en énergie liée et Freud envisage deux modalités de liaison : la première est réalisée par la libido qui investit cette douleur, la seconde par l'association à des représentations. Freud décrit dans *Inhibition, symptôme et angoisse* (1925) cette *liaison par la libido :* « Dans la douleur corporelle apparaît un investissement élevé, qu'on doit nommer narcissique, de l'endroit du corps douloureux, investissement qui augmente sans cesse... » Le cas extrême est celui de l'hypocondriaque qui, à l'évidence, chérit l'organe dont il se plaint. Il parle sans cesse de sa douleur et ce n'est pas seulement pour obtenir de l'aide, c'est parce qu'elle est devenue le centre d'intérêt de sa vie. Cet investissement ne suffit pas à supprimer le caractère pénible de cette situation, mais il le diminue. Il localise la douleur et atténue son effet désorganisateur. Cette théorisation du processus douloureux peut paraître paradoxale. De prime abord, la souffrance est tellement considérée comme ce dont on ne veut pas, qu'il peut paraître surprenant de penser qu'elle est investie par celui qui en est accablé. Il fallait la profondeur du génie freudien pour déceler un tel investissement libidinal. L'appareil psychique a cette capacité de mobiliser une énergie de contre-investissement afin de lier l'énergie libre qui a fait effraction. Philippe Gutton[1] l'appelle *le travail de la souffrance*. Cela n'a rien à voir avec le

1. Gutton P., « À propos du travail de la souffrance de l'enfant », *Psa. Univ.*, 4, 15, 1979, p. 435-444.

masochisme. Il ne s'agit pas ici d'aspiration à la souffrance. Cet auteur résume les idées de Freud par la formule : « La souffrance est un processus de délibidinisation, inverse de l'étayage pulsionnel », et il nomme *travail de la souffrance* le processus inverse de relibidinisation corporelle et psychique. Quand Alfred de Musset écrivait : « Rien ne nous rend si grand qu'une grande douleur », il donnait un magnifique exemple d'investissement libidinal.

L'autre mécanisme de liaison est l'association à des représentations. On parle de symbolisation ou de mentalisation. La souffrance qui envahit par effraction l'organisme peut être maîtrisée par un processus associatif. Si elle se lie à des représentations, elle devient plus tolérable. Gutton rapporte l'exemple d'un enfant, atteint d'une maladie douloureuse, qui gardait les seringues, jouait avec elles, les manipulait, jouait au docteur, faisait semblant de piquer des objets autour de lui... Cette activité lui permettait de lier ses douleurs à des représentations et à des mots et par là d'un peu la maîtriser. De façon générale, des liens qui peuvent être établis avec des expériences antérieures et des faits de l'histoire familiale ou avec l'élaboration de *théories médicales infantiles*, constituent une organisation de signifiants qui transforme l'énergie libre en énergie liée. À cela s'ajoute l'étayage de l'investissement libidinal, dont nous venons de parler, qui vient de la sollicitude des parents et des soignants.

Chez l'adulte, le jeu n'est plus de mise, mais toute activité intellectuelle comme le simple récit de la maladie, l'acquisition d'informations sur ses causes, ses mécanismes, son évolution, les techniques thérapeutiques qui vont être utilisées, l'imagination de ce que sera la convalescence, permettent un travail de figuration par lequel le sujet s'approprie sa maladie. Les théories médicales populaires jouent le même rôle. La souffrance n'est plus une agression mystérieuse, mais les explications qu'on lui donne en font une chose représentable et par là plus maîtrisable. Cette élaboration psychique peut paraître amplifier la souffrance car le sujet en parle, mais ce serait une erreur de le penser. Que la souffrance s'exprime mieux ne signifie pas qu'elle s'amplifie. Au contraire, cette mise en paroles aide au contrôle de ses effets désorganisateurs.

Ces deux mécanismes, investissement et symbolisation, sont liés car celle-ci n'est possible que si elle est investie. Il fallait les étudier séparément pour les individualiser, mais ils sont liés. Quand il y a un investissement libidinal, il y a toujours une représentation, ne serait-ce que la représentation de l'endroit douloureux. Quand Alfred de Musset dit que rien ne nous rend si grand qu'une grande douleur, il associe à la valorisation de la douleur des représentations de la grandeur.

Cette conception de la souffrance constitue un modèle précieux car il explique à la fois la cause du trouble et les moyens de défense dont dispose le psychisme. Il peut lutter contre le débordement d'une énergie libre pénétrée en lui par effraction en mobilisant ses capacités de liaison. Cela ouvre la voie pour un travail psychothérapique.

LA DÉPRESSION

Revenons à la question : « Dépression, maladie du corps ou de l'esprit ? » La meilleure réponse est de dire que non seulement elle est les deux, mais qu'elle l'est toujours.

Si l'on considère ses manifestations, on constate qu'elles comportent des signes affectifs et intellectuels : tristesse, angoisse, idées noires, incapacité à éprouver du plaisir, désintérêt, difficultés de concentration, perte de mémoire… et des signes physiques : ralentissement psychomoteur, perte de l'appétit, troubles fonctionnels divers, céphalées, constipation, palpitations, amaigrissement… Elle est une véritable maladie somatopsychique.

Une maladie somatopsychique…

Si l'on considère ses causes, on constate certes qu'elle apparaît dans des circonstances qui évoquent tantôt une origine physique et tantôt une origine psychique et on distingue classiquement :

– des dépressions qui apparaissent à l'occasion de maladies physiques (infection, hépatite) ou après l'usage de substances toxiques ; leur origine somatique est évidente,

– des dépressions qui surviennent après un deuil, un échec, un traumatisme affectif ; leur origine psychique s'impose,

– des dépressions qui surviennent sans cause apparente, qui parfois se répètent à intervalles réguliers et qu'on appelle *endogènes,* signifiant par là qu'on n'ose pas affirmer qu'elles ont une origine biologique, mais qu'on est sûr qu'elles viennent bien de *l'intérieur du sujet.*

Mais il est souvent difficile de classer une dépression à coup sûr dans une de ces trois catégories. Les dépressions les plus somatiques peuvent mobiliser des faiblesses psychologiques qui vont les aggraver. Les dépressions les plus psychogènes ont des retentissements physiques qui les renforcent. Les dépressions les plus endogènes s'inscrivent dans l'histoire du sujet et sont liées à sa structure affective. D'ailleurs – et cela est tout à fait significatif – les classifications internationales ne font pas cette distinction. Elles tiennent compte de l'intensité de la dépression, de sa durée, de ses récurrences, de ses alternances avec la manie, mais pas de son éventuelle origine. On peut dire tout au plus que certaines dépressions paraissent plus somatiques que d'autres et inversement. Freud lui-même reconnaissait en introduction de son étude sur *Deuil et Mélancolie* qu'il y avait des dépressions qui « font penser plutôt à des affections somatiques qu'à des affections psychogènes ». Ainsi la question des facteurs psychologiques se pose dans tous les cas.

Si enfin on considère les traitements, on serait tenté de penser que les médicaments conviennent aux cas à composante biologique et les psychothérapies à ceux à composante psychologique. Et on pourrait même envisager d'en faire un test diagnostique. Si les antidépresseurs étaient efficaces cela prouverait l'origine biologique de la dépression. En réalité, des dépressions clairement psychogénétiques, comme par exemple les dépressions de deuil, peuvent tirer un bénéfice de la chimiothérapie, et des dépressions endogènes d'une psychothérapie. Ce n'est pas par le biais de la thérapeutique qu'il faut chercher la solution de ces problèmes diagnostiques.

Les modèles proposés par la psychanalyse

Qu'il y ait ou non prescription d'antidépresseurs, que des causes psychologiques soient seules responsables ou intriquées à d'autres, le traitement doit les prendre en compte. Et ce sont les modèles proposés par la psychanalyse qui là encore vont nous guider. Nous les avons déjà étudiés et il nous reste seulement à montrer leur place dans le processus dépressif.

Le modèle du deuil

Il peut être utile pour comprendre les dépressions de deuil proprement dites et aussi toutes celles liées à une perte. Reprenons les trois processus.

Dans la frustration, l'idée importante est que si l'endeuillé sait *qui* il a perdu, il ne sait pas *ce* qu'il a perdu. Cela est valable pour toutes les pertes et la méconnaissance est souvent purement préconsciente. Une psychothérapie basée sur les associations d'idées ou sur le raisonnement socratique cognitiviste peut permettre au sujet déprimé de découvrir « ce qu'il a perdu », de l'analyser et de progresser vis-à-vis de lui.

La culpabilité peut être très inconsciente et inaccessible. Elle peut aussi être beaucoup plus proche de la conscience et son évocation peut permettre son élaboration.

Le retournement sur soi des reproches destinés à l'objet disparu est en général beaucoup moins accessible. Sa découverte, au moins partielle, ne peut être que douloureuse, mais un cheminement vers elle est possible.

Les choses ainsi résumées risquent d'apparaître comme des recettes. Ce serait faire un bien mauvais usage de l'enseignement freudien. Ce ne sont là que des panneaux indicateurs qui montrent des directions, mais une psychothérapie ne se conduit pas tambour battant. Elle progresse lentement, avec des détours, des retours en arrière, des hésitations. C'est un travail de perlaboration, c'est-à-dire de lent déchiffrement.

Par ailleurs ces processus ne sont pas toujours facilement repérables. Les manifestations cliniques sont souvent ambiguës. Freud insiste sur un phénomène de constatation courante : l'ambivalence du déprimé. Celui-ci, qui se dit coupable, indigne, sans valeur, a souvent des attitudes paradoxales. Au lieu de se cacher et de se faire oublier, il « s'épanche auprès d'autrui de façon importune, trouvant satisfaction à s'exposer nu » au point d'en devenir « tracassier, comme s'il avait été lésé et victime d'une grande injustice ». Il en fait la conséquence du mélange d'amour et de haine que le sujet éprouve pour l'objet perdu. Sa culpabilité lui fait retourner contre lui-même ses reproches, mais il conserve suffisamment d'agressivité pour l'épancher à l'extérieur. La prise de conscience de cette ambivalence ne sera pas facile et cela freinera le processus psychothérapique.

Les modèles de la souffrance

Les mécanismes de lutte contre la douleur sont valables dans la dépression. Nous avons vu qu'il y a deux procédés : l'investissement libidinal et la liaison à des représentations (la symbolisation).

L'investissement libidinal qui consiste pour le psychisme à mobiliser son énergie libidinale pour la diriger sur le lieu de souffrance s'oriente vers les représentations dépressives (idées noires, sentiments de faute, d'insuffisance, d'indignité) et les affects dépressifs (angoisse, tristesse, dégoût). Cela peut même aller chez le déprimé jusqu'à une complaisance pour son mal.

Quant à la symbolisation, c'est-à-dire le fait de relier des affects à des représentations, elle est également un moyen de défense contre la dépression. Nous avons vu que le malade somatique qui se renseigne sur les causes de sa maladie, sur ses mécanismes, sur les modalités d'action des traitements, etc., y trouve un apaisement à sa souffrance. Ce n'est pas seulement lorsque des informations favorables le rassurent, la liaison de son éprouvé à des représentations a un effet en elle-même. C'est aussi le cas de la dépression. Il ne s'agit pas, ou pas seulement des idées rassurantes, mais de tout ce qui permet au sujet de mettre des mots et des images sur sa souffrance. Ce processus est de moindre qualité que celui de la découverte des causes de la dépression au cours d'un travail psychothérapique (qu'il soit d'inspiration psychanalytique ou cognitiviste), mais il est néanmoins bénéfique.

Le modèle névrotique

La classification de l'Inserm de 1968 individualisait des dépressions névrotiques. Il n'est évidemment plus question d'utiliser ce terme dans les échanges internationaux. Ce qui n'empêche pas le phénomène d'exister : on constate que les sujets névrosés ont plus de risques de se déprimer que les sujets sains. Ils ont une vulnérabilité qui les rend plus fragiles face aux traumatismes psychiques. Il est vrai qu'il est difficile de préciser la nature de cette vulnérabilité. Une chose est sûre, c'est que les modalités réactionnelles liées à la névrose vont infléchir les manifestations cliniques. Dans l'hystérie, l'hyperexpressivité peut leur donner un aspect théâtral qui risque de les faire apprécier soit comme plus graves qu'elles ne sont, soit au contraire comme plus bénignes. Dans la névrose obsessionnelle, l'hypercontrôle et la froideur affective atténuent les symptômes. De plus, l'organisation névrotique limite les possibilités de défense du sujet face au processus dépressif. La prise en charge nécessite de tenir compte de cette composante de la personnalité.

Le modèle psychotique

Il a les mêmes qualités et les mêmes défauts que le modèle névrotique. Le retenir est justifié par la fréquence des épisodes dépressifs chez les psychotiques et par les intrications de leur sémiologie avec les symptômes psychotiques. On constate, en effet, que lorsqu'un psychotique se déprime sa symptomatologie s'aggrave, le délire se renforce, les hallucinations sont plus nombreuses, le retrait social s'amplifie. Mais on comprend mal les mécanismes qui facilitent la dépression chez ces sujets.

Le modèle narcissique

Il permet d'identifier et de comprendre une forme spécifique de dépression. Résumons les caractéristiques que nous avons décrites dans le chapitre réservé à cette pathologie. La vulnérabilité est liée à la faiblesse de l'estime de soi. Les situations les plus mal supportées sont celles qui attaquent cette estime de soi : l'échec, la critique, le mépris, l'humiliation. Les manifestations sont bien dépressives avec un abaissement de l'humeur, une diminution de la possibilité d'éprouver du plaisir, une réduction de l'énergie, une diminution de l'activité, mais à cela s'ajoutent les caractéristiques propres au trouble de l'estime de soi : une image de soi dévalorisée, un sentiment de vide, de honte, de rage, une activité fantasmatique pauvre, le recours à des *soi-objets* (drogue, alcool). Ce vide et cette pauvreté fantasmatique risquent de camoufler l'intensité du désarroi car le patient s'exprime peu et revendique peu. La connaissance de ce syndrome a un intérêt pratique. Elle aide à la thérapeutique car on sait que dans ces cas les antidépresseurs ont une efficacité inconstante et qu'il faut prendre en compte le besoin du sujet d'un soutien de son estime de soi. Elle aide au pronostic car elle éveille l'attention sur le risque de suicide malgré l'impression de faible sévérité du trouble de l'humeur et elle met en garde contre des réactions d'inflation narcissique qui donnent une impression erronée de guérison. Elle permet de mettre au premier plan du projet thérapeutique la revalorisation de l'image que le sujet a de lui, soit en agissant sur ce qui le dévalorise, soit en facilitant l'apport de sources externes d'estime de soi.

On voit que la nécessaire aide psychothérapique dans la dépression doit dépasser la simple réassurance et doit reposer sur la compréhension du processus dépressif en cause. Cette analyse est assez subtile, mais à la portée de tout praticien même s'il n'a pas de formation psychanalytique.

CHAPITRE 7

Du rêve au délire

L'esprit peut dérailler. Il peut ne plus fonctionner en adéquation avec la réalité qui l'entoure. Il y a une gradation qui va du rêve au délire. La distinction est évidente entre ces deux extrêmes, mais elle l'est moins pour des phénomènes intermédiaires. Ne peut-il pas exister, entre le rêve et le délire, un tableau clinique d'origine hystérique qui ressemble aux deux ? Les classifications internationales ont trouvé plus simple de répondre par la négative. Elles ont résolu le problème en le niant. Y a-t-il plusieurs modalités de délire ? Depuis des siècles, la psychiatrie s'efforce de les inventorier. Nous allons étudier ce que la psychanalyse peut apporter au débat. Nous verrons qu'elle peut beaucoup pour le rêve et les pseudo-psychoses hystériques et peu pour les psychoses chroniques.

LE RÊVE ET LE MONDE SYMBOLIQUE

Les manuels de psychiatrie ne s'intéressent qu'aux formes pathologiques du rêve : le cauchemar et le somnambulisme. L'exploration des rêves ne fait pas partie de l'examen psychiatrique classique. Pourquoi en parler ici ? Dans ce chapitre consacré au délire, il est utile de commencer par lui. On ne peut en effet qu'être intrigué par cette dérive de la pensée que constitue le délire. Comment se fait-il qu'un sujet puisse perdre la possibilité d'adapter ses idées à la réalité extérieure ? Le rêve est une des formes de cette perte de contrôle, forme que chacun expérimente et qui sert souvent de référence pour essayer d'expliquer le délire. Bien des théories font de celui-ci un phénomène de même nature que le rêve, avec pour seule différence l'incapacité de la conscience à le critiquer. Nous verrons que ce n'est pas le cas et qu'il existe diverses modalités de décrochage par rapport au réel, le rêve n'en étant qu'une parmi les autres. Il convient donc de voir ce qui différencie ces diverses modalités.

Il va de soi, mais ce sera mieux en le répétant, qu'une idée qui n'est pas partagée par tous n'est pas toujours une idée délirante. Il y a la place dans un fonctionnement psychique sain pour des idées originales, non conformistes, contestataires ou poétiques et pour des convictions religieuses ou philosophiques que d'autres ne partagent pas. Une pensée n'est délirante que si le sujet est dans l'incapacité de la confronter à celles des autres et aux faits. Ce n'est pas une pensée originale, c'est une pensée pauvre et figée. Quant au rêve, celui dont nous allons parler est celui qui se produit pendant le sommeil et non pas celui qu'on appelle rêve éveillé et qui pose d'autres problèmes.

Il n'est pas utile, pour notre propos, d'étudier les mécanismes physiologiques qui sous-tendent le rêve, les mécanismes psychologiques qui expliquent sa survenue, son rôle dans l'économie psychique. Ce qui nous intéresse ici c'est de comprendre pourquoi le rêve est une activité de pensée dont le rapport à la réalité est différent de ce qu'il est à l'état de veille.

Le contenu du rêve

Le scénario dont nous nous souvenons à notre réveil est le *contenu manifeste* du rêve. Il est le résultat des déformations que la censure a imposées à un *contenu latent*. Pour comprendre le sens d'un rêve, il faut passer de ce contenu manifeste à ce contenu latent, il faut donc faire le travail inverse de celui qu'a fait la censure. Ce travail se fait à l'aide des associations d'idées du rêveur et suppose aussi la connaissance des règles générales de transformation. Il y a quatre mécanismes : la *condensation*, le *déplacement*, la *transformation en images* et la *symbolisation*. Ce dernier terme peut être compris comme désignant un des quatre mécanismes, il peut l'être aussi comme un terme générique regroupant les quatre. On peut en effet considérer, comme le faisait Freud, que le contenu manifeste est « un symbole de la pensée inconsciente du rêve » (*Introduction à la psychanalyse*, 1916). Ce qui distingue cette pensée et la pensée normale c'est qu'elle n'est pas faite de représentations de la réalité mais de symboles.

La *condensation* fait que plusieurs éléments sont rassemblés en un seul. Une représentation du contenu manifeste ne correspond jamais à une seule représentation latente, mais à plusieurs. Un homme d'une trentaine d'années rapporte lors d'une séance d'analyse le rêve suivant : « Il a soif, il n'y a pas d'eau près de lui, il entre dans un supermarché, une femme lui indique une fontaine, il boit énormément. » Au cours de la séance il évoque son besoin de boire de l'alcool lorsqu'il est anxieux, puis il raconte des souvenirs de liaisons amoureuses qu'il a eues à l'âge de 20 ans avec des femmes plus âgées que lui et qu'il ressentait comme plus rassurantes que celles de son âge. Il lui revient enfin un souvenir pénible de sa petite enfance : sa mère avait bu du vin et son père lui reprochait son alcoolisme. On voit que la femme du rêve représentait plusieurs femmes et l'eau plusieurs souvenirs liés à l'alcool.

Le *déplacement* est complémentaire de la condensation. Dans ce rêve, sa mère et les femmes protectrices sont remplacées par la femme du supermarché et l'alcool est *déplacé* sur l'eau, l'effet euphorisant de la boisson est remplacé par la satiété. On comprend la raison de ces déplacements, la censure substitue à des représentations pénibles des représentations plus tolérables. Ainsi le sommeil ne s'en trouve pas perturbé.

Les *images* du rêve sont des signifiants qui prennent la place de sentiments ou de souvenirs en les camouflant, ce qui n'a rien d'étonnant puisque le contenu manifeste a pour mission de cacher le contenu latent. Ici, à côté d'images assez évocatrices comme la demande affective transformée en recherche d'une fontaine ou la mère remplacée par une passante, il y a des images qui protègent encore plus fortement le contenu latent. Que vient faire en effet ce *supermarché* sinon glisser, en la camouflant, la présence d'un *super* (l'autorité supérieure) ou mieux du *su père* (celui qu'on sait être père) ? La présence de ce père culpabilisateur serait certainement si pénible qu'elle interromprait le sommeil et la censure a trouvé une image anodine pour le rendre méconnaissable. Il est là mais le dormeur ne le sait pas et peut continuer à dormir en paix.

La *symbolisation* résume et complète les mécanismes précédents. Ce rêve symbolise à la fois la situation œdipienne avec le père et la mère, l'instance du surmoi en position *super*, celle du ça avec l'impériosité du besoin d'eau et celle du *moi* cherchant une satisfaction, il symbolise aussi les reliquats de demande affective infantile que conserve cet adulte. Cette symbolisation suit les mêmes règles que celles de la pensée consciente : elle se fait au moyen de métaphores et de métonymies. Parler de symbolisation évoque la clef des songes, mais il ne faut s'y laisser prendre. Une telle clef repose sur des symboles à valeur générale et dont le sens est donné par la culture. Les symboles du rêve sont propres à chaque rêveur. Un *supermarché* ne symbolise pas toujours le père, il prend ce sens ici à cause du contexte et des associations d'idées.

Ces quatre mécanismes sont toujours associés, la condensation concerne autant les symboles que les images, le déplacement est partout puisque tout ce qui peut être source de tension doit être caché, le résultat de ces déformations est toujours un ensemble d'images visuelles ou sonores.

Interpréter le contenu latent

Pour effectuer ce passage du contenu manifeste au latent, il faut, à l'aide des associations, faire le chemin inverse pour découvrir ce qui a été déformé. Et que trouve-t-on ? Quels sont les matériaux sur lesquels ces constructions ont été bâties ?

Généralement on met en avant les faits récents. Il est vrai qu'on trouve leur trace dans les rêves, mais quelle valeur ont-ils ? Ce sont des matériaux bruts. Ils servent de prétexte pour le scénario du rêve, mais ils ne lui donnent pas sa signification. Dans le rêve du supermarché, un événement récent a peut-être facilité le choix de cette image, mais le sens qu'il a pris vient de ressorts profonds ; sans un tel événement, l'inconscient aurait pu trouver d'autres images pour exprimer la même chose. Les stimulations corporelles au cours du sommeil constituent d'autres facteurs tout aussi peu spécifiques. Une douleur, une crampe, un prurit peuvent avoir une influence, mais elle porte sur la forme du rêve et pas sur le fond. Un dormeur se réveille et se rend compte qu'il a une démangeaison sur une jambe et qu'il frottait de haut en bas cette jambe avec le pied de l'autre jambe et il se souvient du rêve qu'il était en train de faire : il descendait et remontait une rue dans laquelle il avait habité enfant. Ce va-et-vient dans cette rue et le retour aux souvenirs d'enfance qui lui étaient liés avaient certes été déclenchés par les frottements de haut en bas de sa jambe, mais ce n'était qu'un prétexte et le sens profond du rêve tenait à autre chose. En premier lieu à des expériences infantiles. Elles sont toujours à la racine des rêves. Le rêveur du supermarché retrouvait la position complexe et inconfortable qu'il avait eue entre ses deux parents. Ces souvenirs très anciens, souvent fortement refoulés, sont associés à des souvenirs plus récents à forte charge affective ou liés à des conflits psychiques inconscients.

Un autre problème majeur posé par le rêve est de savoir pourquoi on rêve. Quel est le moteur qui pousse le psychisme à se laisser envahir par des représentations troublantes contre lesquelles il luttera en utilisant les déformations qu'on a vues ? Freud expliquait ce fait en disant que « le rêve est une réalisation de souhait » et beaucoup de ses détracteurs trouvaient cela contradictoire avec le fait que les rêves n'étaient pas toujours agréables. Ils confondaient satisfaction d'un désir et plaisir éprouvé. Pour résoudre l'apparente contradiction il faut en revenir au principe de plaisir : toute tension psychique tend vers son apaisement et celui-ci provoque un plaisir. Et il faut coupler ce principe au concept de la structure de l'appareil psychique : selon que la tension est située dans l'inconscient ou dans le conscient, les effets d'abaissement ne sont pas ressentis de la même façon et ce qui entraîne une baisse de tension dans un lieu psychique peut entraîner une élévation dans un autre lieu. Au cours du sommeil, la vigilance de la censure diminue, les tensions inconscientes en profitent pour faire passer dans la conscience des représentations qui ne franchissaient pas la barrière pendant la veille. Cette intrusion permet une diminution de tension (donc un plaisir au sens freudien) dans l'inconscient, mais est source de tension dans la conscience qui en ressent un déplaisir et s'en défend en les transformant en représentations plus supportables.

Le rêve ainsi conçu peut-il servir de modèle pour les délires. Ceux-ci sont, comme lui, désinsérés de la réalité, mais sont-ils de même nature ? Il nous introduit au monde du symbole, les délires en font-ils autant ?

L'HYSTÉRIQUE PEUT-IL DÉLIRER ?

On ne peut pas dire que cette question soit l'objet de controverse. Il y a un large consensus pour y répondre par la négative. L'hystérie a pourtant bien des manifestations qui ressemblent étrangement à des délires. Certains praticiens les identifient et les appellent *pseudo-délires* ou *pseudo-psychoses*, mais d'autres se laissent prendre au piège des apparences et croient qu'ils ont affaire à des psychoses.

Au XIXe siècle les psychiatres français parlaient de *folie hystérique*, Janet de *délire hystérique*, on employait aussi le terme d'*état de mal de délire hystérique*. La classification de l'Inserm de 1968 reconnaissait à la *névrose hystérique* des formes avec *pseudo-délire*. En 1978, Henri Ey, dans son manuel déjà cité, décrivait des *psychoses imaginatives aiguës* survenant sur des constitutions hystériques. Actuellement ces notions sont totalement écartées. Les classifications internationales en font des troubles psychotiques, certes brefs mais qui font bien partie des psychoses. Nous allons voir le résultat de leur démarche, nous verrons ensuite comment le recours à une clinique d'inspiration psychanalytique peut donner une vision plus satisfaisante des choses.

Les classifications internationales rejetant la notion de névrose et celle d'hystérie et ne tenant compte que de l'apparence, qualifient ces troubles de psychotiques et leur reconnaissent tout au plus d'être brefs et parfois réactionnels « s'ils surviennent peu de temps après – et apparemment en réaction à – des événements qui produiraient un stress marqué chez la plupart des sujets » (DSM). Cette terminologie est purement descriptive et on ne s'aventure pas à envisager la raison qui fait que ce stress provoque une telle psychose chez ce sujet. Le principal défaut de cette classification est de proposer un cadre particulièrement large où trouveront place toutes sortes de *troubles psychotiques brefs*, avec ou sans stress, où les pseudo-psychoses hystériques vont se perdre et où il sera impossible de les retrouver.

Comme le renard de la fable qui, ne pouvant atteindre les raisins apparemment mûrs, déclare qu'ils « sont trop verts et bons pour des goujats », les classifications internationales échouant à définir ces troubles ont décrété qu'ils n'existaient pas.

Nous allons renouer le fil de nos réflexions sur l'hystérie que nous avons lâché au chapitre consacré aux névroses et voir où il peut nous conduire.

Les pseudo-psychoses hystériques

Ces troubles correspondent à une perte de contact avec la réalité aussi importante que dans la psychose mais de nature différente. Commençons par le cas d'une jeune patiente hospitalisée au CHU de Nice et dont l'observation a été publiée par les membres de l'équipe qui se sont occupés d'elle[1].

Âgée de 18 ans, elle est hospitalisée pour un délire d'apparition récente. Les troubles ont commencé à la suite d'une sortie en voiture avec un certain Franck. Ce qui s'est passé ce soir-là, elle ne s'en souvient pas. Elle a eu, dit-elle, un malaise, sans doute provoqué par le *fluide* de Franck. Sans doute a-t-il abusé d'elle. Elle dit avoir fait une fausse couche la veille. Elle a, la nuit, des accès de panique et va se réfugier dans le lit de sa mère, elle présente des hallucinations polymorphes, souvent visuelles, racontées de façon théâtrale. Elle parle d'un homme dont elle a peur. On lui a dit qu'il avait assassiné sa femme. Lui-même a dit qu'il allait entrer en clinique parce qu'il avait un *boyau trop long*, phrase qui lui avait paru étrange et pleine de sous-entendus inquiétants. Elle dira un jour où Franck lui avait téléphoné qu'elle avait cru reconnaître la voix d'un prêtre mort qu'elle avait connu dans le passé. Ce prêtre avait essayé de l'embrasser dans l'église, il avait d'ailleurs violé sa mère et lui avait dit qu'elle était sa fille. Traité par de faibles doses de neuroleptiques et des entretiens psychothérapiques, cet épisode régressera totalement en trois semaines.

Ce délire ressemble à un rêve et pourrait être interprété de la même façon. Il y a des condensations (la voix de Franck et celle du prêtre), des déplacements (des substituts

---

1. Lafont A., Lecleire C., « Le clinicien face aux concepts de psychose hystérique », *Psychologie médicale*, 17, 11, 1985, p. 1743-1745.

du père : le prêtre, l'homme au boyau), une richesse d'images et des symboles. La thématique est celle de l'organisation fantasmatique hystérique : la sexualité prédomine (la notion d'une faute sexuelle, le symbole phallique du boyau trop long, le fluide de Franck qui l'a fécondée) et la problématique œdipienne (le prêtre qui aurait violé sa mère, qui serait son père et dont elle a peur). Il y a aussi des réactions affectives telles qu'on les voit dans cette névrose : une hyperexpressivité, un certain théâtralisme, une variabilité des affects et l'intensité de la vie imaginaire qui va jusqu'à des visions. L'évolution est significative : le déclenchement par une expérience traumatisante (réellement ou imaginairement sexuelle) et la rémission rapide. Nous sommes devant le même monde symbolique que le rêve et devant un fonctionnement psychique comparable à celui de la névrose dont il est l'amplification.

Il paraît ainsi justifié d'identifier comme une entité clinique distincte ces crises aiguës qui surviennent le plus souvent après un choc affectif repérable. Elles comportent une désorganisation moindre que les vraies psychoses. Il y a des hallucinations quasi oniriques mais pas de désorientation. Les caractères hystériques sont nets : théâtralisme, labilité de l'humeur, évolution par accès. Le délire est plus compréhensible que dans la schizophrénie, il ne contient pas de néologisme, il est riche et imagé, il a un sens et peut s'interpréter comme un rêve. La thématique est souvent œdipienne (comme si le refoulement était débordé). Les traitements biologiques sont inopérants (ou ont une action miracle qui correspond à un effet placebo). La démarche psychothérapique est efficace. Le pronostic est bon. La terminologie est une question de convention. Il ne paraît pas justifié d'appeler ces troubles psychoses ; il est préférable de les considérer comme des pseudo-psychoses. L'essentiel est de les rattacher à l'hystérie. Toutefois il ne faut pas oublier qu'on rencontrera le terme de psychose dans les écrits des anciens auteurs.

L'interprétation psychanalytique

La psychanalyse fournit un modèle théorique capable de conforter cette analyse clinique. Freud et Breuer, dans leurs *Études sur l'hystérie* (1895) expliquent la maladie par l'*hypnoïdie*. Il s'agit d'un état de conscience comparable à celui que provoque l'hypnose, dans lequel certains contenus de conscience ne s'associent pas au reste de la vie mentale et forment des groupes isolés. L'état hypnoïde entraîne des *dissociations*, elles-mêmes à l'origine « d'états de longue durée nettement psychotiques, persistant souvent plusieurs mois et que l'on qualifie souvent de *confusions hallucinatoires* ». Ils utilisent le terme de psychose hystérique. Ces états « constituent de véritables psychoses bien qu'ils proviennent directement et exclusivement de l'hystérie ». (La formule *véritable psychose* veut seulement dire que les tableaux cliniques sont aussi graves que ceux des psychoses.) Le refoulement est le mécanisme en cause : « En ces cas, une partie du contenu psychique consiste en représentations rejetées, à l'état de veille, et refoulées hors du conscient. » « Le moi se trouve submergé par des productions morbides. »

Jean-Claude Maleval[2] qui a repris le terme ancien de *folie hystérique* pour désigner ces états, a complété ce modèle freudien en utilisant le concept lacanien de *forclusion du Nom-du-Père* (la non-représentation, au niveau sym-

2. Maleval J.-C., *Folies hystériques et psychoses dissociatives*, Paris, Payot, 1981.

bolique, du Nom-du-Père, en tant que représentant de la Loi) pour distinguer la folie hystérique du délire schizophrénique. Cette forclusion est absente dans le premier cas et présente dans le second. Les effets cliniques en sont que le délire est comme une métaphore, il est interprétable et non pas incompréhensible, il ne comporte pas de néologismes, ni d'autres perturbations du langage.

Même si on doute encore du bien-fondé de la réalité de ces pseudo-psychoses hystériques, il n'y a rien à perdre à conserver cette entité clinique. S'il s'avérait plus tard que cette conception est une vue de l'esprit, il serait facile de l'abandonner, alors que la position des classifications internationales ne permettra jamais de savoir où est la vérité. Par ailleurs – et surtout – la prise en charge étant différente, cette méconnaissance est un appauvrissement thérapeutique. Cette identification permettrait de savoir quelle est la fréquence de cette pathologie. Actuellement ceux qui admettent son existence estiment qu'elle est rare. Rien n'est moins sûr.

LA COHÉRENCE RIGIDE DES DÉLIRES CHRONIQUES

Le délire hystérique était mystérieux car irrationnel et flou. Certains délires sont, à l'opposé, particulièrement clairs. Le délire hystérique était de courte durée, ceux-ci sont chroniques.

La psychanalyse nous apportera ici une aide bien inférieure à celle qu'elle nous a fournie jusqu'à maintenant. Parmi les concepts qu'elle a inventés pour les psychoses aucun ne remplit les conditions de concerner le préconscient et de donner un modèle cohérent de fonctionnement psychique qui justifie un classement des troubles et facilite la compréhension et la prise en charge. Elle ne peut fournir qu'un apport complémentaire en confortant des options nosologiques prises en dehors d'elle.

Il est inutile d'évoquer les débats qui concernent les classifications car la psychanalyse n'apporte pas d'arguments en faveur d'une conception ou d'une autre. Ces débats portent d'ailleurs uniquement sur le nombre et les variétés de ces délires car il y a consensus sur le concept global de troubles délirants persistants non schizophréniques. Le délire est compréhensible, sans idées bizarres. Le comportement est en rapport avec son contenu. Nous prendrons deux exemples.

Les délires passionnels et de revendication

Cette variété de délire est reconnue par toutes les classifications internationales. On les appelle *délires systématisés* ou *paranoïaques* ou *délires d'interprétation* ou simplement *trouble délirant*. Le discours est cohérent et logique, mais déterminé par une seule manière de comprendre la réalité. Toute la pensée est construite à partir d'un postulat fondamental. Le thème est variable : la persécution le plus souvent mais aussi la jalousie, la revendication ou des idées de grandeur ou la conviction d'être aimé (l'érotomanie) ou un idéalisme passionné. Le sujet interprète tout en fonction de son postulat et sa conviction est inébranlable. Tous ses raisonnements tendent à démontrer le bien-fondé de ses certitudes et à convaincre son interlocuteur. Le comportement est la conséquence de cette conviction, le persécuté agresse ou fait des procès, le jaloux surveille sa femme, l'idéaliste passionné met toute son énergie à défendre la cause qu'il a embrassée... Il s'agit de la forme de délire chronique la plus rigide, avec les comportements les plus acharnés. Le sujet est passionné, déterminé, exalté, inaccessible à toute argumentation. Ses interprétations ne concernent que ce qui est en rapport avec son postulat fondamental alors qu'il a des réactions normales dans les autres secteurs de sa vie. Il n'y a pas d'hallucination. Ces délires sont faciles à comprendre car clairement expliqués. Ce qui est anormal c'est la perte de l'esprit critique. Le paranoïaque interprète tout de la même façon, tout lui paraît dirigé contre lui, il ne laisse pas de place au hasard ou à d'autres significations. Il s'agit d'un appauvrissement de la personnalité qui n'a plus qu'un seul mode de compréhension du monde et ne peut plus s'adapter. Ce décalage avec la réalité est si important qu'il devient délire. Tout cela est clair mais ce qui est mystérieux c'est la raison qui a entraîné cette conviction délirante.

La théorie que Freud a élaborée au cours de son étude du cas du *Président Schreber* (*Remarques psychanalytiques sur l'autobiographie d'un cas de paranoïa*), en 1911, est célèbre. À la base du délire paranoïaque de persécution il y a un fantasme de désir homosexuel qui est intolérable et qui est refoulé dans l'inconscient puis transformé en son contraire selon un processus en deux temps : « Je l'aime » est inversé en « Je ne l'aime pas, je le hais », puis la proposition « Je le hais » est transformée, grâce à la projection, en cette autre « Il me hait ». Dans le délire de jalousie : « Je l'aime (cet homme) » devient « Je ne l'aime pas » projeté en « C'est elle qui l'aime ». Ces mécanismes sont trop inconscients pour être repérables en clinique. En revanche, quelques modestes notions sur les mécanismes préconscients facilitent la compréhension de ces délires et aident à gérer la relation thérapeutique.

Ces délirants sont acharnés à justifier leurs convictions et leurs réactions. Ils veulent absolument convaincre l'interlocuteur qu'on leur veut du mal ou qu'on les trompe. Leurs discours sont longs, détaillés, ne négligeant aucun fait mineur, cherchant à construire une argumentation sans faille. Ils sont très sensibles à l'opinion des autres et ils ont besoin de convaincre. Il ne leur suffit pas d'être persuadés d'avoir raison, il faut que les autres le pensent aussi et les soutiennent. Ils se disent forts, mais ont besoin d'approbation. Bien entendu, le thérapeute ne peut acquiescer, ce qui ne pourrait qu'être aggravant, mais il peut, par son écoute, satisfaire un des besoins majeurs de ces sujets, celui d'être considérés et respectés. Derrière le besoin de convaincre, il y a en effet surtout la crainte d'être méprisés. Sentir qu'ils sont respectés les rassure : c'est alors qu'ils peuvent commencer à établir une relation transférentielle en construisant notamment une bonne image de leur thérapeute qui contraste avec la mauvaise image de tous les persécuteurs. Sur cette base, une critique des convictions délirantes peut être abordée. Une telle relation est de type duel et elle n'est pas sans soulever des problèmes : le délirant a tendance à idéaliser son thérapeute et à rester dans une position du tout ou rien, celui-ci ne pouvant qu'être parfait ou basculer dans le camp des persécuteurs. C'est une situation thérapeutique délicate car elle doit éviter d'être trop gratifiante ou trop frustrante. Elle laisse sa place à la chimiothérapie. La conjonction de celle-ci et de la psychothérapie atténue l'exaltation, tempère l'hypersthénie et diminue le risque de passage à l'acte. Les sujets n'abandonnent pas leurs idées, mais prennent une certaine distance par rapport à elles.

Les délires sensitifs de relation

Ces délires, décrits par Kretschmer[3], méconnus par les DSM, cités par la CIM-10, sont considérés en France comme une réalité indiscutable et fréquente. On a sans doute étendu le cadre que Kretschmer avait fixé à ce syndrome. Il le caractérisait par son étiologie, ses symptômes et son évolution : selon lui ce délire apparaissait sur un « fond d'hérédité très chargée » avec une « constitution psychopathique innée » qui se signalait par sa grande fatigabilité. Une expérience vécue provoquait le délire. Le milieu environnant avait une influence déterminante. Ce délire était assez rare : Kretschmer disait n'en voir qu'un ou deux cas par an.

La conception française est plus structurale. Ce délire serait comme l'opposé du délire paranoïaque, survenant chez des sujets sensibles, modestes, émotifs, vulnérables, scrupuleux. À l'occasion d'un événement où ils pensent s'être mis dans leur tort, ils construisent un délire d'interprétation : on leur en veut ou on les humilie et on a raison de le faire. Ils ne se plaignent pas puisque, au contraire, ils estiment que le mépris des autres est justifié. Pour lutter contre leur malheur ils n'envisagent pas de s'attaquer aux autres, mais de faire des efforts personnels, avec ténacité, pour mériter de retrouver leur statut antérieur. Le lien avec la structure paranoïaque est justifié parce que cette structure sensitive, qui en est en quelque sorte l'inverse, a des points communs avec elle : la psychorigidité, la sensibilité à l'opinion de l'autre, la détermination. De plus il peut y avoir une bascule d'un tableau clinique à l'autre : un paranoïaque en échec peut s'effondrer et

3. Kretschmer E., *Paranoïa et Sensibilité*, traduction française S. Horinson, Paris, PUF, 1963.

devenir sensitif et un sensitif, dans son effort de compensation, peut devenir paranoïaque. Jacques Lacan, dans sa thèse *De la psychose paranoïaque dans ses rapports avec la personnalité,* a décrit comment se construit, à l'occasion de moments féconds, ce délire qui devient de plus en plus rigide.

La compréhension de l'économie psychique sous-jacente permet de mieux appréhender cette pathologie et d'aider le patient. Toutes ses convictions sont centrées sur le postulat : « Les autres m'en veulent et ils ont raison car je suis dans mon tort. » Le sujet est conscient de ce postulat et a, présent à l'esprit, tel ou tel événement où il a commis une faute, mais il n'est pas conscient qu'il a vis-à-vis de lui-même des exigences excessives et qu'il s'attribue des fautes imaginaires. Une psychothérapie psychanalytique permettrait de mettre au jour les conflits refoulés qui sont à l'origine de ce fonctionnement affectif, objectif impossible pour une prise en charge classique. Sans aller jusque-là, la prise en charge psychologique peut agir dès un premier niveau de réassurance et de soutien puis permettre un certain processus interprétatif du fonctionnement préconscient. Le transfert de ces malades ressemble à celui des paranoïaques : le patient idéalise son thérapeute et se fixe sur lui. Une relation trop proche serait néfaste. Le danger n'est pas le basculement agressif du paranoïaque, mais l'immobilisation dans un état de dépendance.

MYSTÉRIEUSE SCHIZOPHRÉNIE

La psychanalyse n'a pas inventé pour la schizophrénie de modèles permettant une meilleure classification et une meilleure analyse clinique comme elle l'a fait pour les névroses, les perversions ou les troubles narcissiques. Elle n'apporte rien pour le diagnostic de l'affection et de ses formes cliniques. Cela ne veut pas dire qu'elle soit sans utilité dans cette pathologie. Même si, comme on le sait maintenant, elle a des causes biologiques, cela n'empêche pas que se surajoutent des mécanismes psychologiques et la psychothérapie peut jouer un rôle complémentaire.

Les incertitudes de Freud

« Les psychoses [...] ne ressortissent pas à la psychanalyse, du moins telle qu'on la pratique jusqu'ici », a-t-il dit dans une conférence faite en 1904 et intitulée « De la psychothérapie » (il utilisait le terme psychose car celui de schizophrénie n'avait pas encore été inventé, mais c'est ce type de psychose que son propos concernait).

S'il contestait la possibilité d'appliquer la psychanalyse aux psychoses, c'est parce qu'il concevait l'organisation de cette affection comme différente de celle de la névrose. La libido était retirée des objets et investie dans le moi, d'où l'impossibilité d'investir l'analyste comme objet, c'est-à-dire d'établir un lien comparable au transfert névrotique. Il a néanmoins élaboré un certain nombre de concepts destinés à comprendre le processus psychotique. Il y a les notions de déni, de clivage entre le moi et la réalité qu'il attribue à l'influence de pulsions et surtout la projection. Il explique la formation des symptômes par un mécanisme projectif. « Une perception interne est réprimée et, en ses lieu et place, son contenu, après avoir subi une certaine déformation, parvient au conscient sous forme de perception venant de l'extérieur. » On cite souvent son étude du *cas Schreber* à propos de la schizophrénie, c'est une erreur, elle concerne les délires chroniques, comme nous l'avons vu plus haut.

Les tentatives de ses successeurs

Nous citerons les plus importantes pour donner une idée de la diversité des approches.

Certains pionniers de la psychanalyse voulaient traiter la schizophrénie comme les névroses. C'était la position d'Abraham en 1908, suivi de Rosen qui proposait l'*analyse directe*. Pour lui la psychose était un cauchemar éveillé et la schizophrénie un stade plus grave que la névrose, mais de même nature. Il fallait interpréter le délire comme un rêve. C'était l'interprétation qui guérissait. (Quand on lit les exemples cliniques de cet auteur, on se demande s'il ne s'agit pas plutôt de cas de pseudo-psychoses hystériques.) Ces conceptions ont été abandonnées.

Rosenfeld, voulant faire un parallèle avec la névrose de transfert, a parlé de psychose de transfert. Le sujet qui a une image de lui-même mal différenciée de celle d'autrui s'identifie facilement à son analyste. Il utilise l'image de celui-ci pour se construire une image de lui-même plus cohérente et plus différenciée, ce qui lui permet une certaine restauration. Le contre-transfert pose des problèmes différents de ceux qui existent dans la névrose car les projections violentes peuvent entraîner crainte ou répulsion ou à l'inverse une tolérance excessive, voire une fascination. L'attitude doit rester une neutralité bienveillante.

Federn[4], qui a travaillé à Vienne avec Freud, a développé une conception de la psychose et de son traitement psychanalytique qui a eu un large retentissement. Il estime que la technique classique aggrave les psychotiques et qu'il faut

4. Federn P., *La Psychologie du moi et les psychoses* (1952), traduit par A. Lewis-Loubignac, Paris, PUF, 1979.

utiliser une autre méthode. Il part de la notion d'insuffisance de la libido du moi (qui est à l'opposé de la conception freudienne de poussées pulsionnelles et de repliement libidinal narcissique). Cette insuffisance affaiblit l'investissement des limites du moi, d'où la perte de la distinction entre la réalité interne et la réalité externe. Il faut donc fortifier le moi, faire cesser l'épuisement de l'investissement du moi. À l'inverse de la névrose, il n'y a pas dans la psychose un excès de refoulement, mais un manque. L'objectif de la cure n'est pas de « libérer le matériau refoulé », mais de « refouler le matériau libéré ». C'est en somme construire des mécanismes de défense névrotiques. Les psychotiques ne sont pas tous accessibles à la psychanalyse, ce sont seulement ceux chez qui « une partie du moi a l'intuition de l'état normal ». C'est ce qu'il appelle la partie saine du moi séparée de la partie psychotique. Ce dédoublement du moi explique que le sujet fasse à la fois un transfert sain et un transfert psychotique. Pour qu'un traitement psychanalytique soit possible, il faut un transfert positif. Le patient l'offre à l'analyste et celui-ci « doit le nourrir comme quelque chose de précieux dans le but de garder son influence » et il le fera « par la sincérité, la gentillesse et la compréhension ». En général, l'analyste ne parvient pas à « nourrir » ce transfert s'il intervient seul. Federn a développé (avec l'aide de l'infirmière Gertrud Schwing) la technique de l'intervention d'une tierce personne, qui peut être de la famille ou non, qui soit aimante et dévouée et joue le rôle d'une bonne mère protectrice. Le matériau psychique sur lequel se fera le travail analytique apparaît sans avoir besoin de recours à l'association libre et à l'interprétation. Le rôle de l'analyste est d'aider le patient à comprendre ses réactions psychotiques et même à refouler des tendances profondes. On voit combien ce modèle est différent de celui qui convient à la névrose. Le transfert n'est pas le lieu où peuvent se manifester les fantasmes inconscients, mais une chaude relation réconfortante. L'amélioration ne vient pas de la mise au jour de conflits inconscients, mais du renforcement du moi. Dans cette ligne de pensée, divers auteurs ont développé une conception réparatrice de la psychanalyse des schizophrénies considérées comme des états de distorsion.

Les concepts classiques de Melanie Klein ont été utilisés par de nombreux auteurs (Rosenfeld, Segal, Bion) pour comprendre la psychose et théoriser le processus thérapeutique. C'est en particulier le cas de la notion d'*identification projective* qui désigne la projection que fait le sujet d'une partie de soi dans un objet extérieur qui devient pour le sujet un objet persécuteur. Ce modèle convient parfaitement pour la psychose. Il explique les symptômes et le transfert négatif du patient. À l'inverse de Federn, les analystes kleiniens estiment que c'est sur ce transfert négatif que doit porter le travail analytique et que ce travail doit être l'interprétation systématique. Il ne s'agit pas ici de renforcer le moi (qui n'est d'ailleurs pas considéré comme affaibli), mais, comme pour la névrose, de rendre conscient ce qui est inconscient. Le processus pathologique n'est pas le conflit intrapsychique, c'est l'identification projective, mais le processus psychothérapique est le même, c'est toujours l'interprétation.

Jacques Lacan a théorisé comme concept central du processus délirant la *forclusion du Nom-du-Père* (*D'une question préliminaire à tout traitement possible de la psychose*). Jean-Claude Maleval a consacré un travail récent à ce concept[5]. Lacan a repris un terme freudien dont il a approfondi le sens. Il s'agit pour lui du rejet primordial d'un signifiant fon-

5. Maleval J.-C., *La Forclusion du Nom-du-Père*, Paris, Seuil, 2000.

damental (le Nom-du-Père) hors de l'univers symbolique. Ce n'est pas un refoulement car ce signifiant ne s'intègre pas dans l'inconscient. Il fera retour dans le réel, ce qui explique l'hallucination. C'est un concept assez énigmatique car, si ce signifiant forclos n'est pas dans l'inconscient, où est-il ? Et que signifie ce retour dans le réel ? Plutôt qu'un modèle théorique, il est un axe de réflexion destiné à orienter l'exploration du champ de la psychose.

Pour Racamier[6], il y a au cœur de la schizophrénie une massive angoisse de destruction, d'anéantissement et de perte de ses limites. C'est une angoisse autrement profonde que l'angoisse névrotique. La défense contre elle se fait par l'identification projective, le déni, le refus de la conflictualité. Il reprend le concept kleinien d'identification projective dont il enrichit la description en proposant une triade : l'influence (venant de l'objet persécuteur), l'effluence (la projection vers l'extérieur) et la diffluence (la perte des limites du moi). Le déni que fait le schizophrène concerne la menace existentielle et va jusqu'au déni de l'origine de sa propre existence qui produit le fantasme mégalomaniaque de son autoengendrement. Il est l'inventeur de sa propre existence. Le refus de la conflictualité entraîne ce que Racamier appelle la *paradoxalité*. Elle correspond à l'incapacité à être ambivalent et au maintien, sans les confronter, de propositions contradictoires, ce qui se manifeste en permanence dans le discours du schizophrène : il aime et il hait, il est tout-puissant et écrasé, etc. Le travail thérapeutique vise à affronter cette *paradoxalité* pour faire accéder le sujet à l'ambivalence et lui permettre de se dégager de son sentiment de dilution dans l'autre, ce que Racamier appelle la *personnation*.

6. Racamier P.-C., *De psychanalyse en psychiatrie*, Paris, Payot, 1979.

On voit la diversité et même l'hétérogénéité des modèles psychanalytiques destinés à la psychose. Est-ce à dire que certains sont erronés et qu'il faut trouver celui qui est exact ? La psychanalyse de la psychose n'a pas l'objectif illusoire de la guérison, mais celui d'une amélioration. Les diverses méthodes agissent sur des composantes variables de la dynamique psychique et ont chacune leur valeur.

CHAPITRE 8

La relation thérapeutique

Il ne s'agit pas de transposer dans la pratique clinique la technique de la cure analytique et de conseiller par exemple l'*attention flottante.* Elle ne permettrait pas, à elle seule, un bon examen clinique, mais ce que nous a appris la psychanalyse de la dynamique d'une relation permet de dégager quelques orientations à donner aux entretiens et de disposer de quelques clefs pour comprendre ce qui s'y joue. N'oublions pas, pour le redire encore une fois, que le niveau à explorer n'est pas celui de l'inconscient, mais celui du préconscient.

L'ÉCOUTE

La conception de la clinique et du diagnostic que nous avons exposée a pour conséquence la nécessité de techniques d'entretien appropriées. Les informations qu'on obtient sur le fonctionnement psychique d'un sujet peuvent être de sources diverses. On peut disposer des témoignages de son entourage, on peut avoir l'occasion de l'observer vivre, on peut connaître ses écrits ou ses réalisations, mais la source d'information la meilleure et la plus indispensable est l'entretien. Or il y a plusieurs manières de le conduire et elles n'apportent pas toutes les mêmes renseignements.

Questionner ou écouter ?

Il y a schématiquement trois types d'entretien : directif, non directif et semi-directif. Au cours d'un entretien directif des questions précises et nombreuses sont posées, à l'inverse d'un entretien non directif où rien n'est demandé et où l'observateur laisse le sujet s'exprimer librement ; il peut relancer l'échange par la reprise de certains propos, mais il n'introduit aucune directive ou question qui, en orientant la discussion, diminuerait la spontanéité du discours. Dans un entretien semi-directif, ne sont posées que des questions générales et peu nombreuses. Chacune de ces techniques a son utilité et ses inconvénients, aussi peut-on penser que la meilleure solution serait de les employer successivement. Le problème est de savoir dans quel ordre. La seule règle valable est d'aller du non directif au directif. On peut ainsi disposer d'abord du cheminement spontané de la pensée du sujet puis d'informations sur des points précis. Si on procède à l'inverse, il n'est plus possible, après les questions précises, d'obtenir un discours dégagé des inductions dues aux questions précédentes. Cela dit, il n'est pas toujours indispensable d'utiliser plusieurs méthodes.

La mode est aux entretiens directifs considérés comme les meilleurs instruments pour aboutir à un diagnostic selon les classifications internationales. On dispose de questionnaires très élaborés faits de questions auxquelles le patient répond par oui ou par non. Les diagnostics sont retenus ou éliminés en fonction du nombre de oui et de non. Ainsi résumée, la technique paraît caricaturale. Si elle a été inventée, ce n'est pas sans raison. Elle est utile pour des recherches épidémiologiques car elle garantit que les cas ont été évalués de la même façon par tous les examinateurs. Mais ses limites sont évidentes, elle est très grossière, elle induit l'attention du sujet sur des points qu'il n'aurait peut-être pas évoqués, elle n'explore que ce qui est clairement conscient. C'est une technique fermée. Balint disait : « Quand on pose des questions on n'obtient que des réponses », c'est-à-dire qu'on n'explore que les domaines concernés par les questions.

Écouter apporte plus. Un entretien non directif permet d'aborder la situation d'ensemble du sujet, les troubles qu'il ressent, l'importance qu'ils ont pour lui, ce qu'il peut en dire, ce qu'il demande... La technique paraît des plus simples. Il suffit de dire : « Je vous écoute » et attendre passivement. En fait il est plus difficile d'écouter sans intervenir que de couper la parole. Il est surtout difficile de supporter le silence et de laisser son temps à l'interlocuteur. D'ailleurs, dans la vie courante, peu de gens sont capables de laisser parler sans intervenir, or les métiers où cette situation se présente sont nombreux. Médecins, avocats, magistrats, prêtres, enseignants, hommes politiques auraient intérêt à apprendre à écouter ! On en fait souvent une question morale en pensant que cela nécessite disponibilité, patience, empathie, respect de l'autre, effacement de soi. Cette manière de voir est respectable et peut aider certains. Mais c'est surtout un problème technique. Si on sait que, en laissant parler, on obtiendra plus d'informations qu'en posant des questions, même si l'interlocuteur semble se perdre dans des digressions car ces digressions sont porteuses de sens, même s'il est imprécis car cette imprécision est significative, même s'il interrompt son discours par des silences car ces silences témoignent de ses blocages, si on sait qu'en ne posant pas de question on n'induit pas d'éléments parasites, si on sait tout cela on n'a pas de peine à attendre et ce n'est pas une position passive. Cette écoute silencieuse permet de mettre en éveil toutes ses capacités d'observation, de percevoir les manifestations émotives les plus fines et les associations d'idées.

Les associations d'idées

Il n'y a pas que le discours explicite qui compte. Les associations d'idées, voire les lapsus et les actes manqués, sont révélateurs. On connaît les travaux de Freud sur la *Psychopathologie de la vie quotidienne* (1901). Il voulait montrer que les forces inconscientes n'étaient pas seulement à l'œuvre dans la création de symptômes pathologiques, mais qu'elles infiltraient les actes les plus banals de la vie courante. Il serait paradoxal que le praticien qui se réfère aux modèles psychanalytiques des affections psychiques ne prête pas une grande attention à ces manifestations. Il est indispensable de les prendre en compte pour comprendre l'ensemble d'une économie psychique.

L'entretien non directif est propice à une exploration au-delà du conscient. Dans son discours spontané le patient fait des associations d'idées et on sait qu'elles sont la meilleure voie pour comprendre les sens sous-jacents au discours explicite. L'interprétation ne peut atteindre des niveaux aussi profonds que ceux de la cure classique, mais il n'y a pas que l'inconscient, il y a aussi le préconscient qui nous intéresse, particulièrement en pratique clinique, et qui est accessible dans de telles conditions d'examen.

On sait que, lorsque deux idées sont contiguës dans le temps, elles ont un lien et si ce lien n'est pas conscient, il est inconscient ou préconscient. Cette règle est le plus souvent méconnue dans la vie normale. Il est fréquent que, au cours d'une conversation, quelqu'un dise : « Ce que je vais dire n'a rien à voir avec le sujet dont nous parlons... » C'est là ignorer que si cette idée nouvelle a surgi dans son esprit à ce moment c'est certainement parce qu'elle a un rapport avec le cours de sa pensée actuel. Le psychiatre ou le psychologue clinicien ne va tout de même pas tomber dans le même travers !

Pour rapporter l'histoire de sa vie, le patient doit faire un choix parmi les multiples événements qu'il pourrait évoquer et, même si ce choix semble objectif, il repose sur des associations d'idées. L'histoire de la vie des patients est significative de leurs conflits psychiques. Tel patient qui consultait pour un état d'anxiété s'étonnait de ce trouble alors qu'il n'avait pas de souci et que même il venait de bénéficier d'une promotion. En décrivant ses symptômes et en résumant ses antécédents, il fit de multiples remarques incidentes qui concernaient son père de telle sorte qu'elles mettaient sur la voie pour comprendre que cette promotion ravivait en lui des souvenirs enfouis de compétition avec lui qui étaient culpabilisés, et que son anxiété était liée à ces représentations préconscientes.

On ne dira jamais assez qu'il ne faut pas se précipiter sur la première interprétation qui vient à l'esprit. Elle peut n'être qu'une association d'idées de l'observateur et donc plus symptomatique de sa pathologie personnelle que de celle du patient ! Elle n'est qu'une hypothèse qui ne pourra être validée que si un faisceau d'autres associations vient la conforter. Il ne faut ni vouloir tout interpréter ni s'interdire toute interprétation. L'équilibre est à trouver entre une psychanalyse sauvage et un objectivisme borné.

Les effets bénéfiques de l'écoute

L'écoute n'apporte pas qu'à l'observateur, elle apporte aussi à celui qui s'exprime. Le premier reçoit des informations, le second vit une expérience. La possibilité de s'exprimer peut avoir un effet cathartique (la purgation ou la purification des Grecs), c'est-à-dire être l'occasion d'une diminution de tension chez le patient. S'épancher, *vider son sac* amène toujours un soulagement. Si le sujet consulte c'est parce qu'il souffre ou au minimum se sent mal à l'aise et il aspire à une amélioration de cet état. L'apaisement du malaise n'est pas toujours souhaitable car il est le moteur de la démarche de demande de soin, et le supprimer trop tôt peut sacrifier au bénéfice immédiat une amélioration ultérieure de meilleure qualité, mais son maintien peut aussi provoquer la rupture de la relation et la fuite du sujet. Apaiser n'est donc pas toujours le but premier de l'entretien, mais il peut être une première étape.

L'écoute peut permettre une revalorisation narcissique : être écouté est valorisant et d'autant plus bénéfique que le sujet souffre d'une baisse de son estime de soi. Il ne faut pas confondre cette écoute silencieuse avec une banale manifestation de sympathie ou d'encouragement. Dans la classique neutralité bienveillante, la neutralité est aussi importante que la bienveillance. Il ne faut ni froideur, ni débordement chaleureux. Ce qui compte n'est pas d'apporter un soutien affectueux, mais de créer les conditions d'un travail psychique du sujet à partir de l'expérience qu'il vit : il ressent que, puisqu'il est écouté, il n'est pas sans valeur. Il ne s'agit pas de colmater les plaies pour en rester là, mais d'atténuer le déficit narcissique pour donner au sujet la force de poursuivre sa démarche.

Parler c'est penser. L'opinion courante est qu'on peut penser sans parler et qu'il faut penser avant de parler. C'est en partie vrai, mais une pensée sans parole est souvent faite d'idées floues, en particulier lorsqu'on a des problèmes. Parler à un autre oblige à organiser sa pensée. Mettre des mots sur les idées les précise, faire un raisonnement oblige à vérifier sa validité, discourir établit des liens entre les idées. Parler à un autre permet de s'entendre parler et de mieux comprendre ce qu'on pense. En expliquant son cas au thérapeute, le sujet se découvre lui-même. L'écoute est déjà une psychothérapie.

LE MALADE ET SA MALADIE

À la différence du malade somatique, le malade psychique n'a pas toujours conscience de son trouble. Certes le malade somatique peut ne pas savoir qu'il est malade si sa maladie n'a pas de manifestation ou se tromper sur la signification des symptômes qu'il ressent, mais cette méconnaissance ne tient pas à un trouble de sa conscience. La maladie mentale modifie la perception du monde.

La conscience de la maladie

Le délirant pense qu'il est dans la vérité et que ceux qui ne pensent pas comme lui sont dans l'erreur. Le déprimé pense que le monde est inintéressant ou qu'il est coupable et, même s'il se sent malade, il estime qu'il n'a aucun espoir de guérison et que son état ne relève pas d'un traitement. L'obsessionnel pense que ses soucis de propreté sont justifiés et utiles. C'est pourquoi beaucoup de malades ne se sentent pas malades et n'éprouvent pas le besoin de consulter ou même s'y opposent. Si des lois permettant des hospitalisations sans consentement ont été promulguées, c'est bien parce que ce phénomène est fréquent et qu'il peut mettre en péril ces sujets ou les rendre dangereux.

Mais les choses ne sont pas toujours aussi tranchées. La conscience de la maladie n'est pas une notion du type tout ou rien. On emploie souvent le concept de *partie saine du moi* pour expliquer le fait que le sujet puisse à la fois avoir une conviction délirante et tenir compte de repères de la réalité. Telle délirante hallucinée admettait que les voix qu'elle entendait relevaient d'une maladie tout en restant persuadée qu'elles émanaient de personnes hostiles. Le délire est en effet plus que la croyance en des choses fausses, il est une perturbation du fonctionnement rationnel de l'esprit. Le délirant ne se pose pas la question : suis-je persécuté ou suis-je malade ? Il ne voit pas de contradiction à penser les deux. Une malade dont les hallucinations auditives avaient cessé à la suite de son traitement disait : « Depuis que vous me donnez ces médicaments, ils ont compris et ils ne me disent plus rien. » Il y a des prises de conscience partielles. Tel déprimé, convaincu de sa situation désespérée et irrémédiable, accepte son traitement. Il peut se croire obligé de donner une raison et dit par exemple : « Pour faire plaisir à ma femme. » Le fait important est qu'il a accepté les soins.

Et surtout la conscience de la pathologie évolue et cette évolution est un des objectifs de la prise en charge. On a longtemps pensé qu'il ne fallait pas dire à un schizophrène qu'il était schizophrène car cela le traumatiserait. L'opinion des soignants a changé. On pense maintenant qu'il vaut mieux que le patient soit informé de son état pour qu'il participe plus activement aux soins. Le délirant qui ne se croyait pas malade arrive peu à peu à le comprendre. Cette évolution dépend de l'aide psychologique qu'on lui apporte et de l'expérience qu'il fait de sa maladie. Si un premier traitement a entraîné une rémission du délire, le patient peut réaliser qu'il était dans l'erreur quand il croyait aller bien et il peut apprendre comment s'annoncent ses rechutes. Il peut devenir apte à différencier ses réactions saines de celles qui sont pathologiques et capable de surveiller l'évolution de son état et de demander de l'aide en temps voulu. Cette éducation concerne aussi la famille. Un entourage informé et attentif peut surveiller le patient et intervenir dès qu'il perçoit l'amorce d'une rechute. Un bipolaire qui a tendance à présenter des crises dépressives et des crises maniaques alternées peut atteindre un bon niveau de stabilisation avec l'appui de parents vigilants s'ils ont une bonne relation avec lui.

La valeur de la maladie

Face à sa maladie le malade mental n'a pas qu'un problème de prise de conscience, il la vit comme une expérience qui a un sens pour lui. Il serait naturel de penser qu'il ne peut la voir que comme un malheur, voire une catastrophe et c'est souvent vrai, mais il peut en retirer aussi des bénéfices secondaires. Dans les deux cas c'est fréquemment un facteur aggravant. La vision péjorative accroît la souffrance et le découragement, la vision favorable freine le désir de guérir.

Cette vision péjorative est facile à imaginer et de constatation courante. Il est souvent difficile de la distinguer des manifestations de la maladie elle-même. Que le déprimé soit désespéré ou qu'un sujet dans un état d'effondrement narcissique soit malheureux vont de soi, il s'agit de symptômes de leur maladie. Les choses sont différentes pour un phobique ou un obsessionnel. Ils souffrent certes des angoisses liées à leurs phobies ou à leurs obsessions et ils souffrent aussi des conséquences du trouble comme la limitation de leurs activités. Ils sont dans une position comparable à celle du malade somatique qui, en plus de ses douleurs physiques, souffre des répercussions de son affection sur sa vie. Dans ces deux cas, la tolérance varie d'un sujet à l'autre et son degré intervient dans la motivation à se faire soigner. Nous sommes là dans un schéma classique de réactions psychologiques à la maladie. Parfois il est difficile de comprendre si la vision péjorative est un symptôme de la maladie ou une réaction surajoutée. Les deux sont sans doute associés. La schizophrénie en est un exemple. C'est un grand malheur d'être schizophrène, mais, si le sujet a peu conscience de sa maladie, il ne devrait pas en être très malheureux. Or on trouve chez ces malades un état de dévalorisation profond. Ils ne paraissent pas déprimés, mais ils se vivent comme des êtres inférieurs. Même s'ils ont un logement et un travail, ils ne se sentent pas comme les autres, ils perçoivent la pauvreté de leur vie affective et relationnelle. (C'est pourquoi ils ont besoin de bien plus que de la suppression de leurs délires et de leurs hallucinations et ils doivent avoir une aide psychologique et sociale pour rendre vie à leurs capacités émotionnelles, à leur élan vital, à leur créativité.)

La vision favorable est plus étonnante. Elle est parfois consciente, mais c'est rare. C'est le cas de la perversion où le sujet ne trouve que du plaisir dans sa maladie. C'est aussi le cas de l'euphorie maniaque ou de la *belle indifférence* hystérique. La plupart du temps, elle est inconsciente et ne se manifeste que par des faits discrets qu'il faut savoir interpréter. On s'aperçoit que le malade, tout en souffrant de ses troubles, en obtient des bénéfices secondaires.

Un grave obsessionnel de la saleté et des microbes qui, propriétaire d'un commerce, ne touchait l'argent que d'une main pour préserver l'autre propre et qui, rentrant chez lui, se douchait et se mettait en survêtements propres pour ne pas risquer d'apporter des microbes dans son foyer, exigeait que toute sa famille en fasse autant et que toutes les ouvertures de la maison soient hermétiquement fermées. Il ne demandait pas de soins, disant que « la psychanalyse est inefficace » et il ne se rendait pas compte du plaisir qu'il retirait de la position de pouvoir que lui donnait sa maladie.

LE MALADE, SA FAMILLE ET SON MÉDECIN

Dans la maladie somatique, les troubles n'interviennent pas dans la relation. Avoir une fracture de jambe ne modifie pas l'opinion que le patient a sur son médecin. Elle pourra changer en fonction de l'appréciation qu'il portera sur ses soins, mais elle ne dépendra pas de la maladie elle-même. Il en est tout autrement en cas de trouble mental : le déprimé pense que son médecin ne pourra pas le soigner, le délirant croit qu'il est complice de ses persécuteurs, l'hystérique cherche son affection et non son diagnostic. Cela intervient dans la demande et le transfert et retentit sur l'évolution de la relation.

La demande de soins

En principe, dans une demande de soins, il y a un sujet malade, conscient et malheureux de l'être, qui demande à un soignant de l'aider à se débarrasser de cette maladie. Il y a un demandeur, un demandé et un objet demandé clairement identifiés. La position de demandé du thérapeute est confortable et lui donne un pouvoir sur le malade. En cas de pathologie mentale, le demandeur n'est pas toujours le patient. Ce peut être la famille ou la société (dans le cas des hospitalisations sans consentement). Le médecin est alors en position de demandeur lorsqu'il entre en relation avec le malade, ce qui complique sa tâche.

L'absence de demande est souvent due à l'absence de conscience de la maladie. Elle peut aussi être due au désir de la conserver. Nous avons vu les avantages que le patient peut trouver à être malade. Certains délirants veillent à ne pas communiquer leur délire. Une patiente qui croyait être une extraterrestre envoyée sur la terre pour une mystérieuse mission ne voulait pas révéler aux *humains* son identité. Son délire a été entrevu grâce à quelques indices mais seulement partiellement. Cette absence de demande est un obstacle majeur pour la prise en charge, mais il ne la rend pas impossible. Une certaine alliance thérapeutique peut souvent être établie malgré un discours de refus absolu. Le malade, tout en se disant bien portant, ne quitte pas l'hôpital ou se présente aux consultations et accepte certains soins.

Certaines demandes sont implicites (ou camouflées). Une jeune femme de 20 ans fait une tentative de suicide en absorbant une dizaine de comprimés d'un anxiolytique. Au cours des entretiens qu'elle a pendant son hospitalisation, elle raconte que sa mère atteinte du sida est morte à sa naissance. Elle avait 22 ans. Son père, plus âgé d'une vingtaine d'années, s'est depuis mis en ménage avec son ex-belle-mère. La patiente vit avec un ami âgé de 35 ans. Elle a toujours pensé qu'elle ne vivrait pas plus que sa mère et dit que, approchant de 22 ans, elle veut mourir. Il y avait un contraste entre son affirmation de désir de mort et la bénignité de son intoxication volontaire. Et la suite de l'observation a permis de confirmer le caractère d'appel de la tentative de suicide. Elle n'avait pas pu demander de l'aide pour ses difficultés névrotiques et avait utilisé son passage à l'acte pour le faire.

Il y a enfin les fausses demandes. Un homme de 35 ans demande à être hospitalisé pour des tendances pédophiles. Il paraît curieux qu'il demande une hospitalisation et non une consultation. La demande est néanmoins satisfaite car le psychiatre consulté trouve qu'elle n'est pas claire et qu'elle doit être élucidée. Le sujet dit qu'il contrôle ses tendances, que dans la rue il marche les yeux baissés pour ne pas rencontrer le regard d'un enfant. Il vit avec une amie à qui il a confié son trouble. Celle-ci lui a alors révélé qu'elle a été abusée dans son enfance. Son métier est photographe et il fait des reportages, il en a d'ailleurs un en cours sur *l'école et l'enfant* et il va faire des photos dans des écoles ! Il y avait un paradoxe dans l'affirmation successive de son évitement des enfants dans la rue et ses reportages dans les écoles. La suite du bilan a confirmé que ce sujet ne désirait pas être aidé, mais trouvait plaisir à provoquer les psychiatres. Il voulait susciter l'intérêt, sans doute donner au thérapeute l'envie de le soigner, pour s'offrir ensuite le plaisir de le mettre en échec.

Le transfert dans la relation thérapeutique

La psychanalyse réserve ce terme à la relation qu'un sujet établit avec son analyste au cours d'une cure. Il peut, par extension, être utilisé pour d'autres relations et notamment la relation thérapeutique. Il signifie que la relation d'un sujet à un autre n'est que partiellement déterminée par la situation réelle et qu'elle contient des répétitions de relations antérieures, en tout premier lieu des relations infantiles précoces. L'image que se fait le patient de son thérapeute est fortement déterminée par des expériences infantiles, des désirs et des conflits inconscients. Symétriquement, le praticien porte sur le patient un jugement infiltré de subjectivité. Même si, par une analyse personnelle, il a acquis une certaine maîtrise de ses fantasmes, il répète lui aussi des processus infantiles. Les choses ne sont toutefois pas aussi marquées en pratique clinique qu'au cours d'une psychanalyse.

C'est dans les psychoses que le transfert est le plus pathologique. L'image que le patient a de son thérapeute peut être délirante. Il peut voir en lui un persécuteur, un amoureux, un être supérieur ou un incompétent. Le plus souvent il le situe comme un soignant bienveillant et il se sent son inférieur. De leur côté les praticiens, malgré la formation qu'ils ont acquise, ont des réactions influencées par leur histoire personnelle, c'est leur contre-transfert. Cela est bien banal. Une notion plus importante est celle du caractère évolutif de cette relation transférentielle. Elle est incluse dans une dynamique dont dépendra la qualité de la relation thérapeutique. Il est souhaitable qu'elle évolue. Si au début le demandeur est le malade, il est bon qu'il ne se fige pas dans une position d'infériorité. Si le thérapeute prescrit un traitement, il devient lui-même demandeur puisqu'il attend que le patient le suive et en soit amélioré. Celui-ci acquiert ainsi un pouvoir car il sait que selon ce qu'il dira à son thérapeute à la consultation suivante il lui fera plaisir ou le peinera. Il peut lui faire le cadeau de bien suivre ses prescriptions ou au contraire le frustrer en les refusant. Il n'est pas mauvais que la relation soit évolutive et que le demandeur soit tantôt le patient et tantôt le médecin. L'idéal est que l'axe directeur soit une alliance. Si le patient n'est pas conscient d'être malade, il faut s'efforcer qu'il le devienne, il prendra alors une part de la responsabilité de la situation et sera plus apte à faire alliance. Passer d'un statut d'assisté, ignorant ses problèmes et en position d'infériorité, à un statut de partenaire d'une démarche vers la santé n'a pas que l'intérêt de créer de bonnes conditions de soins, c'est aussi se dégager du carcan aliénant de la psychose.

La place de la famille

Sa place varie avec la nature du trouble psychique. Dans les névroses, les perversions ou les troubles limites les choses sont comparables à ce qui se passe en pathologie organique. Parfois le patient assume seul ses problèmes, parfois la famille lui vient en aide. La situation est différente dans les psychoses. La mauvaise coopération du malade, ses troubles du comportement, sa désocialisation et la chronicité de la maladie imposent à l'entourage une prise en charge longue et difficile.

Les relations entre les praticiens et les familles ont beaucoup évolué depuis trente ans. Dans les années 1970, les parents étaient rendus responsables de la maladie de leurs enfants. Si un sujet était schizophrène c'était parce qu'il avait été soumis à des *injonctions paradoxales* par ses parents ! Ce concept, inventé par les systémiciens, désignait, nous l'avons vu, des injonctions qui mettaient le sujet devant un choix dans lequel il ne pouvait avoir que tort quelle que soit la solution qu'il adoptait. Rappelons-nous l'exemple du : « Sois spontané. » On ne retrouve pratiquement jamais de telles injonctions et, à supposer qu'il y en ait eu, elles ne sont certainement pas la cause de la maladie. Ces aberrations sur le rôle pathogène des parents sont maintenant dépassées. On a considéré ensuite qu'ils n'étaient pas à l'origine de la maladie de leur enfant, mais qu'ils étaient eux-mêmes malades et qu'il fallait les soigner. Cette deuxième aberration a été aussi dépassée. On a rendu aux parents la place qui est la leur et ils ont, de leur côté, pris en mains leurs problèmes, ils se sont groupés en associations, ils connaissent leurs droits et les revendiquent. Leur situation est difficile ; c'est un malheur et une charge d'avoir un malade psychique dans sa famille, d'autant plus que le malade a besoin d'eux. Les équipes soignantes ne peuvent assurer une prise en charge totale et il revient à la famille d'entourer et d'aider le malade. Une bonne relation thérapeutique nécessite une alliance entre les soignants et la famille. La qualité de cette alliance ne dépend pas que de la bonne foi des partenaires. Elle est sous-tendue par de multiples facteurs préconscients et cela des deux côtés. Malgré les progrès faits dans la connaissance des psychoses et la certitude qu'elles ne sont pas dues à des fautes éducatives, il arrive encore que des parents aient une certaine conviction latente de responsabilité. Il ne faudrait pas que sous le couvert de conseils, les soignants l'aggravent. La famille a aussi diverses convictions sur les causes des troubles, sur l'intérêt des traitements, sur le pronostic ou sur le degré d'autonomie souhaitable pour son patient et son comportement face aux soins en sera infléchi. Elle fait sur les soignants un transfert et eux font sur elle un contre-transfert. Cette dynamique vaut autant pour les relations famille-thérapeute que pour les relations patient-thérapeute. Il est souhaitable de la comprendre et pour cela il est primordial d'être, ici aussi, à l'écoute du préconscient.

CONCLUSION

Le désamour de la psychiatrie pour la psychanalyse lui a fait rejeter toute référence à la théorie freudienne. Son amour antérieur avait parfois été un peu excessif quand elle voulait tout utiliser de cette théorie pour sa propre pratique. Sa rupture a été tout aussi excessive. Il y a dans l'œuvre freudienne des notions qui ne sont vraiment valables que pour les cures classiques et trop loin de la clinique pour aider au diagnostic et à la prise en charge psychiatrique. Les écarter était une démarche de rigueur intellectuelle, mais écarter aussi les notions qui, à l'inverse, peuvent être précieuses pour la pratique clinique était une erreur. On peut faire le partage entre ces deux groupes de notions en séparant celles qui relèvent de la théorie de l'inconscient et celles de la théorie du préconscient. On peut abandonner les premières mais pourquoi se priver des secondes ?

Cette rupture a été facilitée par l'arrivée de nouvelles classifications, de nouvelles méthodes psychothérapiques et de nouvelles connaissances biologiques. La psychiatrie a réagi comme si elle avait à choisir entre ces données nouvelles et la psychanalyse. Or ce choix n'était pas nécessaire. Les nouvelles classifications sont un langage international qui permet les échanges mais qui est réduit à ce qui fait consensus. Elles sont comme cet anglais simplifié qui devient la langue planétaire. Il n'empêche pas les anglophones d'en parler un autre beaucoup plus riche et il n'empêche pas l'usage des autres langues. La culture a plus à gagner avec le multilinguisme qu'avec un monolinguisme. Il en est de même pour les classifications internationales, elles sont utiles pour la communication mais insuffisantes pour une analyse psychopathologique fine. Elles sélectionnent et donc écartent des cas qui méritent pourtant d'être pris en compte. Ses catégories sont parfois trop larges et incluent des formes cliniques différentes. Aussi, pourquoi ne pas les compléter ? De même, reconnaître les mérites d'une nouvelle théorie psychogénétique ou de la découverte d'un processus biologique ne nécessite pas de considérer qu'elles deviennent les seules valables et qu'il faut rejeter les autres.

Nous avons vu, à propos des névroses, que les concepts freudiens concernant le *préconscient* permettaient de mieux les identifier et de mieux les comprendre et, à propos des perversions, que ces mêmes concepts permettaient de sortir de l'interdit qui frappe cette pathologie et fournissaient une méthode d'étude qui évite la stigmatisation de ces patients et ouvre à la compréhension de leur fonctionnement affectif.

Ce désamour a dépassé l'œuvre freudienne et s'est étendu aux travaux des psychanalystes contemporains. Pendant les décennies où s'élaboraient ces données nouvelles, la recherche psychanalytique continuait et la psychiatrie a été sourde à son discours. Notamment, à propos des états limites et des troubles narcissiques, cette recherche a abouti à des conceptions qui ne sont pas réservées aux psychanalystes et qui sont d'un grand intérêt dans le débat foisonnant des cliniciens. La psychanalyse a imaginé des modèles qui peuvent servir de « colonne vertébrale » pour soutenir la construction de syndromes. La présentation de ces modèles, dans ce livre, a été plus délicate que pour les névroses et les perversions. Il ne s'agissait plus de rappeler des notions anciennement acquises et oubliées mais d'exposer des idées nouvelles. Il n'était ni possible ni souhaitable de faire état de toutes les recherches. Il fallait choisir entre une multitude de points de vue et il n'y avait plus l'avis d'un maître incontesté pour justifier les choix. C'est dans ce chapitre que j'ai donné l'avis le plus personnel. J'ai proposé des modèles pour les troubles narcissiques et pour les états limites qui sont centrés sur des concepts clairs et simples. Cela ne veut pas dire que je considère que l'abord de cette pathologie est facile. Si le comportement humain est toujours complexe, les modèles pour l'analyser doivent être simples. Aucun cas clinique n'aura une telle simplicité, mais le modèle donnera une clef pour le comprendre. Mon choix a été guidé par l'efficience dans l'application à la clinique.

Pour les autres problèmes cliniques envisagés, la dépression, le délire, la relation thérapeutique, les notions utiles sont issues de deux sources : l'œuvre de Freud et celle de ses successeurs.

Ce livre est certes un plaidoyer mais pas un plaidoyer pour un retour à la psychiatrie des années 1970. Il prône le multilinguisme. Il reconnaît les apports des données et des classifications nouvelles, mais montre qu'ils ne comblent pas le vide que provoque le rejet de la psychanalyse et que la psychiatrie a tout intérêt à la conserver parmi ses instruments de travail.

BIBLIOGRAPHIE GÉNÉRALE

American Psychiatric Association, *Diagnostic and Statistical Manual of Mental Disorders*

DSM III (1980), IIIe édition, traduction française, Paris, Masson, 1983, 535 pages.

DSM III-R (1987), IIIe édition révisée, traduction française, Paris, Masson, 1989, 624 pages.

DSM IV (1994), IVe édition, traduction française, Paris, Masson, 1996, 1 008 pages.

Darcourt G., Myquel M., Pringuey D, Braccini T., Robert P., Bonhomme P., *Psychiatrie. Programme de l'internat*, 4e édition, Paris, Heures de France, 1993.

Darcourt G., Pringuey D., *Anxiété, dépression, rupture ou continuité ?*, Paris, Ellipses, 1987.

Ey H., Bernard P., Brisset Ch., *Manuel de psychiatrie*, 5e édition, Paris, Masson, 1978.

Freud S., *Œuvres complètes. Psychanalyse*, traduction sous la direction de J. Laplanche, A. Bourguignon et P. Cotet, Paris, PUF, en cours de publication.

Les Névropsychoses de défense (1894), Vol. III, 1989, p. 1-18.

Obsessions et Phobies (1895), Vol. III, 1989, p. 19-28.

Du bien-fondé à séparer de la neurasthénie un complexe de symptômes déterminé en tant que « névrose d'angoisse » (1895), Vol. III, 1989, p. 29-58.

Analyse de la phobie d'un garçon de cinq ans (Le petit Hans) (1909), Vol. IX, 1998, p. 1-130.

Remarques psychanalytiques sur un cas de paranoïa (Dementia paranoide) décrit sous forme autobiographique (Le président Schreber) (1911), Vol. X, 1993, p. 225-304.

Totem et Tabou (1912), Vol. XI, 1998, p. 189-382.
Deuil et Mélancolie (1915), Vol. XIII, 1988, p. 261-280.
Vue d'ensemble des névroses de transfert (1915), Vol. XIII, 1988, p. 281-302.
Leçons d'introduction à la psychanalyse (1916), Vol. XIV, 2000, p. 1-480.
Au-delà du principe de plaisir (1920), Vol. XV, 1996, p. 273-338.
Psychologie des masses et analyse du moi (1921), Vol. XVI, 1991, p. 1-83.
Le Moi et le Ça (1923), Vol. XVI, 1991, p. 255-301.
Le Problème économique du masochisme (1924), Vol. XVII, 1992, p. 9-23.
Inhibition, symptôme et angoisse (1925), Vol. XVII, 1992, p. 203-286.

FREUD S., « Esquisse d'une psychologie scientifique » (1895), *in Naissance de la psychanalyse*, Paris, PUF, 1956, p. 309-396.

FREUD S., *Psychopathologie de la vie quotidienne* (1901), Paris, Payot, 1971.

FREUD S., « De la psychothérapie » (1904), *in La Technique psychanalytique*, Paris, PUF, 1977, p. 9-22.

FREUD S., *Trois Essais sur la théorie de la sexualité* (1905), Paris, Gallimard, 1962.

FREUD S., *Abrégé de psychanalyse* (1938), Paris, PUF, 1955.

FREUD S. et BREUER J., *Études sur l'hystérie* (1895), Paris, PUF, 1956.

Institut national de la santé et de la recherche médicale (Inserm), « Classification française des troubles mentaux » (1968), *Bulletin de l'Inserm*, suppl. au n° 2, T. 24, 1969.

KLEIN M., *Essais de psychanalyse*, Paris, Payot, 1972.

LACAN J., « D'une question préliminaire à tout traitement possible de la psychose », *La Psychanalyse*, Paris, PUF, n° 4, 1958, p. 1-50.

LACAN J., *Écrits*, Paris, Seuil, 1966.

LACAN J., *De la psychose paranoïaque dans ses rapports avec la personnalité*, Paris, Seuil, 1980.

LAPLANCHE J., PONTALIS J.-B., *Vocabulaire de la psychanalyse*, Paris, PUF, 1967.

Organisation mondiale de la santé (OMS), *CIM-9 : Classification internationale des maladies*, 9e révision, chap. V, « Troubles mentaux », OMS, Genève, 1977, Vol. I, p. 173-214.

Organisation mondiale de la santé (OMS), *CIM-10. Classification internationale des troubles mentaux et des troubles du comportement. Descriptions cliniques et directives pour le diagnostic*, 10e révision, OMS, Genève, 1992 ; traduction française sous la direction de C.-B. Pull, Paris, Masson, 1993.

TABLE

CHAPITRE PREMIER

Pourquoi la psychanalyse a-t-elle éte rejetée ?

CHAPITRE 2

Les apports possibles de la psychanalyse à la psychiatrie

CHAPITRE 3

Que sont devenues les névroses ?

CHAPITRE 4

La psychiatrie méconnaît la perversion

CHAPITRE 5

L'estime de soi et les états limites

CHAPITRE 6

La dépression, maladie du corps ou de l'esprit ?

CHAPITRE 7

Du rêve au délire

CHAPITRE 8

La relation thérapeutique

Ouvrage proposé par Caroline Chaine
et publié sous sa responsabilité éditoriale.

Cet ouvrage a été transcodé et mis en pages
chez Nord Compo (Villeneuve-d'Ascq)

www.ingramcontent.com/pod-product-compliance
Lightning Source LLC
LaVergne TN
LVHW050847051026
849532LV00006BA/2148